給自己10樣人生禮物——

成就動詞型的生命地圖
就在這10個關鍵

褚士瑩 著

人生很長，很多決定看起來很急迫，
其實只要是好的決定，不論什麼時候開始都不嫌晚，
因為我很相信只要循著夢想的方向，畫出清楚的地圖，一定會越來越近，
雖然沒有人能保證，我們都能夠到達目的地，
但只要能夠一直走在夢想的道路上，就是夢想實現。——

褚士瑩

【真實體驗　真誠推薦】

懂得什麼是「想要」，什麼是「需要」

褚士瑩老師是流浪者的先驅，環遊世界的大學長，當大家還在沉溺小日子、小確幸的同時，他已經背起行囊去體驗生命。我在規律上班族的舒適圈中圈養已久，前幾年開始爬山後，才懂得如何規劃長途徒步，非常符合書中所提到「離開的力量」。當出走不是答案，只是一個方法的時候，我變得更懂得釐清什麼是想要與需要，山就是我給自己人生的禮物。

——作家　山女孩 Kit

重新定義我的人生和旅行

作者褚兄書中言道：「旅行的地圖，逐漸跟我生命的地圖重疊，也讓我的生命，跟其他的生命重疊。」旅行與人生，不正是在相同的時間軸上交疊著?!常簡述旅行的概念，是讓自己暫時跳脫再熟悉不過的舒適圈，進入別人習以為常的日常。就像為生活按下重置鍵，一旦踏入就是重新適應的開始。觸發思考、歷練成長的契機，往往被發掘於在某觀念上的衝突、對互動模式的些許疑惑，亦或是對眼前的不熟悉而迫切尋求一份安定感的當下。透過人生中每個階段的旅行，反覆玩味從陌生到熟悉的融入樂趣，過程中所汲取的經驗，都是贈與自己最受用的禮物，或許當你我正追求著更游刃有餘的人生時，能適時派上用場。

——金鐘獎旅遊節目主持人　廖科溢

第1樣禮物

為自己出發，勇敢跨出舒適圈

第2樣禮物

找到可以做一輩子的運動

第3樣禮物

結交10個互相了解的朋友

第4樣 禮物

改變美中不足的能力

第5樣禮物

從Q&A學習

第6樣禮物

接納生命的擁有與失去

第7樣禮物

著迷一件事：成為某種專家——什麼專家都可以

第8樣禮物

「我」就是這個世界的禮物

第9樣禮物

當一天用手思考的人

第10樣禮物

不要停止自我表達

第1樣
禮物

為自己出發，勇敢跨出舒適圈

至少給自己一次三個月的旅行，
到另一個完全不同的地方去，這三個月中，
無論知道與否，肯定會發生改變往後一生的事，
或是遇到改變一生的人。

「到海外去長住三個月，作為給自己人生的禮物吧！」

如果你真的很忙，只有一分鐘聽我說話，那麼我要說的只有這句。

回顧我之所以是今天的我，有三個第一次的事件對我具有重新洗牌的作用，我自己稱為——三次的歸零（unlearning）：把原本所知所學，拋在一旁，重新練過。

巧合的是，這三次重要經驗，都發生在歷時三個月的旅行路上，別人我無法得知，但我確信**趁著年輕一生至少一次三個月的旅行，是我給自己最棒的人生禮物**。

第一次三個月的旅行中，遇到很多乞丐，我之所以後來選擇NGO的道路，可以說是乞丐教我的事。

第二次是面對三十歲即將到來，我給了自己一年去航海，用慢得近乎愚蠢的方式，重新認識這個已經搭著噴射飛機一生不知道繞了幾圈的世界，我重新學會了謙卑，這是航海教我的事。

第三次，我走進緬甸，花了十年的時間，第一次學會如何計算夢想的成本，區分自我生命的「成功」與世俗眼光中的「成就」，在汲汲營營的社會競爭中，跟自己的生命和好，這是緬甸教我的事。

乞丐教我的事：第一次擁有提出問題的能力

高中的時候，第一次存夠足以當背包客旅行的一點費用，因為錢不多，能去的地方自然也無法太遠，所以選擇到南亞的印尼，這大概是我人生第一次到海外長住的經驗，雖然當年的旅行細節已經模糊不清，但每當我被問到為什麼決定在NGO組織工作的關鍵性決定時，就必須回到那個暑假。

當時為了節省旅費，常常搭夜車到目的地，不但節省白天花在長途交通上的時間，也省下了旅館的住宿費。或許這樣的克難旅行方式，讓我看到即使印尼當地的中產階級也看不到的貧困景象，每天早上當火車或是巴士停靠在車站，我一推開門迎面而來迎接我的，不是燦爛的朝陽，也不是清冽的空氣，而是一雙雙伸出來向我乞討的小手。

我心想**如果不給錢的話，是不是代表我就是壞人**？但，給錢就一定表示我是好人嗎？

「可是給了你，我自己就沒有了。」我聽到自己跟自己說。

「我也是辛苦工作，才好不容易存一點錢來旅行的，為什麼你跟我要，我就一定要給你？」

我感受到自己的內心浮起一絲不悅。

但是看到三歲開始每天挑水的孩子，他的窮真的是因為來自懶惰嗎？而我真的是比較勤勉嗎？還是我只是比較幸運，生在一個即使只領最低薪資也存得了一些錢的地方？

如果我要給的話，該給什麼？是錢還是食物？是鉛筆還是礦泉水？

我要給錢的話，該給多少才叫做適當？

如果我手邊的餘錢只能給一個人，我該給誰？是不是殘障就一定比好手好腳的更需要？是不是瘦弱的，衣服破爛甚至赤身露體的，就一定比較可憐？是不是年齡越小的乞兒，就越值得施捨？

那麼抱著孩子乞討的媽媽呢？那個女人真的是孩子的母親嗎？

那麼年老的呢？

今天我就算把所有家當給了，那你的明天呢？

後天呢？明年呢？後年呢？

如果長期來說，**幫不上忙，是不是現在也就乾脆不要給……**

一波一波的乞討者，就像海浪那樣在人潮中向我襲來，而許許多多的問號，打進我年輕的腦袋裡，破碎難辨，卻又確實存在，那年夏天的旅行，並沒有給我任何答案，相反的，卻給了我很多的疑問，我當時甚至以為那是一場很糟糕的旅行，才會遇到這麼多乞丐，但是十年之後，當我下定決心，要離開科技產業進入NGO的時候，才發現那個夏天對我的影響是什麼？剛開始的害怕是什麼？疑問又是什麼？如何學會觀察別人，卻不去做價值判斷，又如何學會感動，如何接受陌生人的善意。在我的腦子裡面醞釀了十年，終於成為一個改變我生命的大件事。

雖然到今天，對於面對乞丐到底應不應該伸手，仍然沒有絕對的答案，但是我卻很清楚，如果NGO用得恰當，就可以用有制度的方式，集中資源幫助自己想要尋求改變的弱勢者，而在這過程當中，我自己在很多方面，也成為受益人。

當然，這十年之間，不代表我不吃不睡，整天就在想這個惱人的問題，實際上，這十年的年輕歲月，我一面讀書，一面工作，一面旅行，毫無間斷，也毫無後悔。趁著年輕去旅行對生命的意義，可能超乎自己當時的想像，即使讓人避之唯恐不及的乞丐，也引發我去思索平常從來沒有想過的問題。

答案是什麼，甚至這些問題是不是有答案，我後來逐漸明白，反而不是那麼重要，重要的是，**我開始學會問學校沒有教、考試也不會考的問題——關於生命與幸福**。

*

最近跟大學時代，一起蹺課去印度、尼泊爾沿著喜馬拉雅山腳旅行的好朋友Kate聊天的時候，她提醒我一件往事。

有一天，在喜馬拉雅山區，我們兩個在分岔路口，對哪一條才是回湖畔的小旅館正確的路，出現了無法說服彼此的歧見，最後我們決定分道揚鑣，各自走自己所選擇的山路。

過了幾個小時，我在旅館一直沒等到Kate，天快黑了，讓我非常擔心，於是繞回原路去找人，到了分岔路口的時候，我抱著姑且一試的心態，向一個沒有雙臂、體型非常瘦小的乞丐問路：

「你有看到我朋友嗎？」

「有啊！」他說。

我聽到他這麼說，不論是真是假，心都振奮了一下。

「她一個人嗎？」我又問。

「不，她跟一個男人在一起。」

我一下子緊張起來，「那個人是誰？你記得他的長相嗎？」

「記得，」乞丐哈哈笑說，「那個人就是你啊！」

當時我氣得拳頭都握緊了，巴不得一拳把他打下喜馬拉雅山谷，可是他說的話又確實不假。就在我瞪著乞丐生氣的時候，Kate若無其事地從山上的小徑走下來，可能還哼著歌，手上握著一小把白色的野花之類的，見到我要找的人出現了，這個乞丐立刻提出要求，希望我帶他一起走。

「你的意思是，帶你到山下嗎？」我問。

「哪裡都沒有關係啊！你不論要到哪，就順便帶著我去。」這一聽，我也傻住了。

「我……我……我要怎麼帶著你呢？」我結結巴巴地說，眼神飄向Kate那邊求助。她不但沒有要幫助我的意思，反而表現出對我們兩個的對話非常感興趣的樣子。

「很簡單，你就將我像一籃水果般帶走，就好了啊！」

我心一震，**為什麼一個活生生的生命，會央求另一個陌生人，把自己像一籃水果那樣，隨便帶到哪裡去都好呢**？我有點困惑又有點生氣地拒絕了，拉著Kate繼續上路，但那麼多年以後，她提起這件我已經完全忘記的往事來，呵呵笑著彷彿昨天才發生似的。

從小到大，我們都被教導著要如何用正確答案回答大人問的問題，**不知不覺，失去了對看似不怎麼重要的小事，提出問題的能力**，但在開始旅行之後，我又像孩子那樣，腦袋裡隨時充滿了許多的問題，有的有答案，大多數則沒有，但努力去解答各種不用考試的問題，也可以是件很棒的事。

那一次的旅行，就像其他的旅行那樣，我們途中遇到了許多的乞丐，多到無法假裝沒有看到的程度，或許，在我們年輕的生命裡，都刻劃下不可磨滅的印記，當年的兩個好旅伴，Kate放下澳洲雪梨拿到的建築碩士光環，放棄記者的工作，成為一個理直氣壯的單親媽媽，理直氣壯地在一個叫做台灣希恩的基督教機構，幫助未婚媽媽跟陷入法律邊緣的外籍配偶母親諮商、看顧，也為這些棄兒和未婚媽媽們建立了庇護所，用很快的速度了解收養流程，並且安排台灣當地以及外國家庭收養這些孩子。

另一個旅伴Mitchel，藝術學院碩士班畢業後當過電視台記者、大學兼任講師、在誠品書店擔任網路部門的市場總監，後來大部分時間待在北京工作，擔任國際中文版的時尚雜誌主編，但是還是無法忘情旅行，有一年夏天在青海湖開店圓夢，結果店被政府收回去開不成了，便開始拍電影，成了《殺手歐陽盆栽》的編劇。

我們這幾個老朋友，大概都是其他人眼中生活相當有趣的人，同樣的旅行經驗，卻帶著我們走向三條看起來似乎完全不同，卻又某種程度上非常相似的築夢之路，我想起我們三個人，在從尼泊爾跨越印度邊境的那天晚上，因為印度的海關要等早上才開門，所以我們住在尼泊爾境內的小村莊，Mitchel跟Kate那晚吵了一架，原因是村子裡天黑後沒什麼東西吃，Mitchel肚子餓了非常覬覦Kate背包裡那條在加德滿都買了卻一直沒吃的巧克力奶油夾心餅乾，Kate捨不得吃，說要留到「很特別的時候」才可以打開，硬塞給了他另一條草莓口味的，結果當天晚上，Mitchel竟然發現Kate悠然自得地把那條巧克力餅乾，統統拿去餵一條路邊的流浪犬，當場氣壞了。

「因為這是我生平第一次，遇到我不害怕的狗，當然是很特別的場合啊！」Kate理所當然地說。

這些點點滴滴的小事，至今回想起來，仍然讓人會心一笑。這些點滴，都是試圖回答我們自己對瑣碎的日常生活所提出的疑問，有愉快的成分也有恐懼，有歡樂當然也有哀傷，但**提出這些**

看似不重要的問題，跟找到這些問題的答案，可說是同樣重要，小問題可能會帶來大答案，在喜馬拉雅山腳的分岔路口那天，我們都做了不同的選擇，當時以為只有一條路是對的，後來才發現只要知道最後的目的地，隨便怎麼走最後都會到，或者就像那個希望我把他像一籃水果般提走的乞丐，就算不知道要去哪裡，只要有足夠的信任，就算不知道方向其實也沒有關係。

人生比我們想像的更簡單。

這個小小的決定終於到後來有一天，我們長大以後，變成各自的世界觀，各自看待世界的角度，也決定我們成為一個什麼樣的人。

航海教我的事：第一次跨出舒適圈

美國Men's Journal雜誌的記者Steven Russell在採訪維京集團的總裁李察・布蘭森（Richard Branson）的時候，問他如果可以給年輕的自己一個忠告的話，那會是什麼。

「我會告訴我自己，多說一些Yes。如果多說Yes的話，人生就會更加豐富、多彩。（I will tell myself to say yes a lot more. Life is far richer and more exciting if you do.）」

對沒有十足把握的事情說Yes，就是踏出自己的舒適圈（comfort zone）。

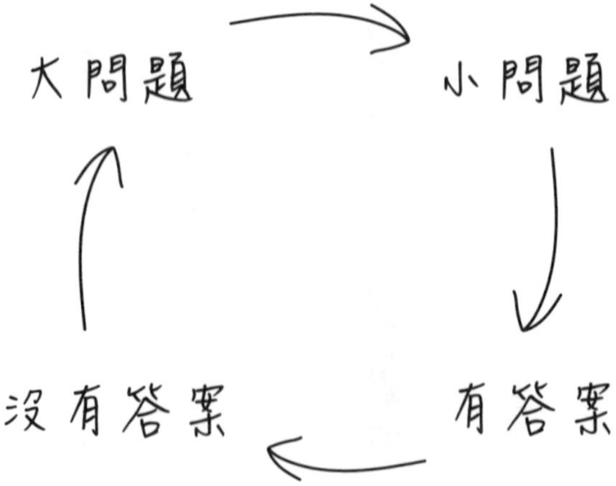

有些問題有沒有正確答案不重要，
重要的是，我們開始學會問學校沒有教、
考試也不會考的問題。
那就是關於生命與幸福。

教育學的「舒適圈理論」，意思是形容所有人都生活在一個無形的圈子裡，這圈子裡面有熟悉的環境，與認識的人相處，做自己會做的事，所以我們感到很輕鬆、很自在。一旦我們踏出這個圈子的範圍，馬上就會因為面對不熟悉的場合，自在的程度降低而感到不舒適，很自然地想要退回到舒適圈內，這解釋了很多時候，我們為什麼會選擇說No，而不是Yes。

衣索比亞的餅

從學生時代開始，一次又一次或長或短的旅行，我認為自己已經刻意跨出舒適圈，讓自己有機會克服不同的挫折與挑戰，畢竟跟一般舒適圈很小的上班族比較起來，我不怎麼擔心錢不夠（錢再賺就有了），會害怕請了三個月長假回來找不到工作（工作再找就有了），旅行讓我很容易就克服了這兩項擔憂——**只要讓自己成為一個有專業的人，「生存」就變得很簡單了**，錢不夠的話總是再賺就有，工作沒了的話總是再找就有。

但我當時沒有發現的是，**旅行會上癮，也會形成一種安適的規律**，每到一個城市，我會找到一家青年旅館住下來，選一家街角小店每天去喝咖啡坐著，交幾個旅人作為新朋友，習慣幾樣新食物，為日常生活找到新的規律，按照這樣的方式，走遍全世界並不是什麼問題，但**當別人認為我是旅行達人的時候，只有自己知道，我只是舒適圈變得比較大而已**，但知能的發展及進步都變得越來越慢。

當我放棄米飯跟麵食，學習每天吃衣索比亞的傳統主食「英吉拉（injera）」，一種用衣索比亞畫眉草（teff）的種子磨麵做成的煎餅度日，發現就算這樣下去好像也不如想像中那麼痛苦時，覺得是件有點了不起的事。畫眉草在亞洲也有，高過腳背、像小軟草一樣的植物，是不折不扣的雜草，其他地方頂多拿來作為牧草，但是衣索比亞人三千年來卻將這些一粒粒比芝麻粒還小很多的小草籽當作主食，有黑、白兩色，白色為上品，黑的比較便宜。草籽的顆粒磨成粉，然後加水和成麵團，放在蘆葦編的大圓筐裡攤開，蓋上蓋子放兩三天，待發酵後拿出來一蒸，就成為圓圓的、軟軟的、酸酸的、佈滿細洞有點像掉進水裡的海綿蛋糕或台灣「發粿」。英吉拉同時也是餐具跟桌巾，吃的時候，各種煮乾像印度蔬菜咖哩的WOT（調味汁）一坨坨放在大大圓圓的英吉拉餅上，必須用手撕一片餅，每口沾一點WOT抓著吃。一開始無論吃再多也沒有飽足感，因為一張張英吉拉餅鋪在桌上，不像吃一碗飯或是一盤麵，份量完全無法拿捏，這時才發現即使覺得理所當然的「一人份」基本觀念，也有可能因為換了文化環境，而完全失去衡量的能力，不是吃得太多肚疼，就是吃太少半夜餓醒。

時間久了，英吉拉吃著吃著竟也就習慣了，餓了就撕一塊餅沾點醬汁吞下去，不餓了就停止，等餓了又再吃一點，終於到有一天，明確知道了吃多少英吉拉餅，是一餐的正確份量。

於是，我的舒適圈，就又大了一點點。

當我第一次到蒙古的大草原時，也有類似的迷失。突然發現在一望無際的大草原上，沒有樹或是房子當作座標，我完全失去了距離感，看不出來降落在草原上等著我的小飛機，究竟是在兩公里，還是二十公里外。照映在前方如茵綠草上白雲的圓影，究竟是只有雙臂打開那麼寬，還是比一個村子還要大。

吃了很多英吉拉餅以後，我體悟到一件事：當許多人認為李察・布蘭森選擇一次又一次挑戰熱氣球環遊世界，不過是個錢太多沒地方花到處找刺激的紈絝富家公子時，我完全可以理解，到了一個程度，**人要挑戰的不再是外面的世界，而是自己的舒適圈**。

我的舒適圈是陸地，所以我終於向航海說Yes。

跨出舒適圈，我會緊張，但是並不害怕。

森林也是我跨出舒適圈的方法

雖然海洋是我的最愛，但是我對森林也是很有感情的，最難忘的一片森林，是早期開始接NGO顧問計畫的一個案子，目標是到大峽谷的美國印地安部落保留區去解決受保護的大角鹿（Elk）過剩的問題，因為大角鹿體型很大，速度又很快，夜間開車時，如果正好在路上，受到車頭燈的驚嚇，會不知所措，因此造成很多車禍，可是部落的傳統是，每戶人家每年只能獵捕一頭大角鹿，皮毛拔取後做家用品，鹿肉則製成肉乾食用，問題是大角鹿很大，肉質因為沒有脂肪所以乾澀，怎麼樣也稱不上好吃，因此一頭鹿的肉，全家人吃一年也吃不完。

在接觸這個計畫的第一階段，我天天必須跟著大角鹿的行動路線，用以推算族群的正確數目，在這過程當中，才知道大峽谷底部的森林，印地安部落認為是祖先先靈安息的地方，所以不能隨便進入，但卻有不少魯莽的觀光客，罔顧部落文化的禁忌，在這裡泛舟跟健行，還好數量並不多，所以大峽谷底部的森林，保留著完整的生態系，我也才意識到，像大角鹿這樣的大型草食動物，在自然生態系遭到破壞時，會成為首先消失的物種，反思台灣的森林，就非常缺乏野生的草食動物，這帶給我很大的啟示，後來在緬甸山區根據樸門（Permaculture）農藝設計的原則進行有機農場的這十年，也特別在意草食動物的生活空間，當我們每年在收成後的田地，都需要驅趕獵鹿人，表示野鹿跟山羌都沒有在這片森林中因為開發而缺席，讓我很欣慰。

緬甸教我的事：第一次學會計算夢想的成本

這幾年每次有機會到大專學校去分享我在緬甸服務的有機農場，主題多半是跟夢想有關，每個年輕人都沉醉在「夢想是無價的」這種氣氛中，每當有人這麼說時，我都會忍不住問台下的學生：「大學畢業以後，**老闆要付多少錢，你才願意去做你不喜歡也沒興趣的工作？**」

當場表決一下，不難發現台灣雖然這麼小，但是南北差距還是挺大的，東部跟南部的私立大

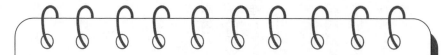

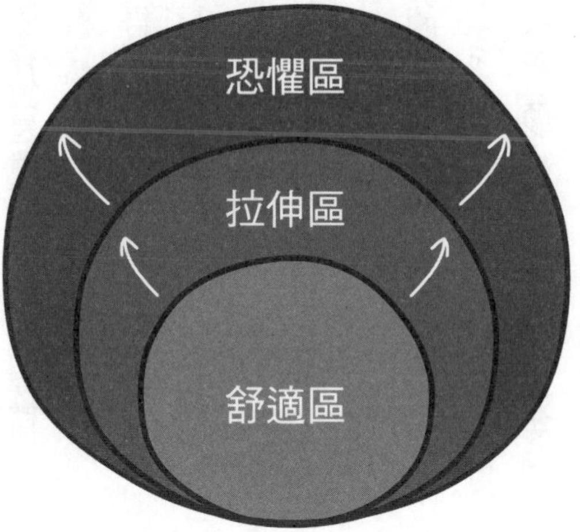

到了一個程度，
人要挑戰的不再是外面的世界，
而是自己的舒適圈。

學生，基本上都說每個月兩萬五台幣就可以了，北部一流國立大學的學生最高，但也不過就是四到五萬，就肯把自己賣掉。在這個問題上，台灣的大學生表現出跟平常上網或桌遊時候完全不同的務實態度，近乎殘忍。

「那**你的夢想，怎麼會說是無價呢**？明明四萬塊台幣一個月，就可以買走你的夢想了啊！」我總是無情地指出這個事實。

台下總是會突然變得有些沉默，又有些許困惑。

「四萬塊就賣掉夢想真的是太便宜了！」我接著說，「每一個十八歲到三十歲的台灣人，不是兩萬五，也不是四萬，你要出賣靈魂，一個月起碼也要有十二萬台幣的代價才對。」

高屏或花東地區的大學生，認為畢業要在當地找到起薪四萬塊一個月的工作，根本就是難上加難，遑論十二萬？

但是我是這麼計算的，簡單來說，只要是年齡介於十八歲至三十歲的台灣護照擁有者，就可以成為打工度假計畫者（WORKING HOLIDAY MAKER）到紐西蘭、澳洲、日本、加拿大、德國、韓國這些目前已經跟台灣簽署相關協定並已生效的國家，利用一邊打工一邊度假的機會，進一步了解這些國家的生活。名額並不少，每年有十二萬名年輕人拿著打工度假簽證到澳洲，換算下來，平均每星期就有兩千三百多人，也就是說幾乎每天都有一架波音七四七巨無霸客機載滿專門來澳洲打工度假的年輕人。

這些包括台灣在內的打工度假者，可以停留長達一年，在簽證有效期間內從事短期或臨時工作。大家的工作機會相同、接受相同的待遇、住在同樣的青年旅館，面臨一樣的問題，也都同樣要嘗試為自己解決問題，只是同一僱主不能超過六個月，許多工作所需的技能要求很低，不需要什麼語言能力，更不需要大學生才能做，甚至不需任何技能與工作經驗，像是在倉庫、工廠或廚房的工作，加工、製造等職務，所以不用擔心你以前沒什麼工作經驗。在雪梨這樣的大都市，許多工作來自兩大行業——接待與無需技能的勞工。在澳洲的北部地區，乾季的農場有很多採收蔬菜跟包裝水果的工作，大約從九月至四、五月在澳洲南部炎熱的夏季也都有許多採水果的工作，只要願意逐水草而居，跟著工作機會移轉，每個星期工作五天，每天工作十個小時，每個小時二十澳幣的薪資來粗估，每個星期就是一千澳幣，每個月就相當於十二萬台幣的收入。

你能賺多少錢，當然要依你的工作性質而定，但在地球上哪個角落不是這樣？澳洲的生活費不見得比台灣高，若在雪梨與別人短期分租一間房間，每個星期付一百至一百五十澳幣也夠了，如果在度假村工作，住宿費通常非常便宜；農場工作則會提供免費食宿，在鄉下的話甚至代步的汽車都會提供，至於繳稅，在任何國家工作都得付稅，台灣也不例外，沒什麼好抱怨的，剛開始的稅率是百分之二十九，很多年輕人難以接受，這不過是因為從來沒付過房租或稅捐罷了。

所以在我看來，如果一個台灣年輕人只是為五斗米折腰，為了賺一份薪水而工作，如果薪資低於一個月十二萬台幣而放棄夢想的話，其實是名不正言不順的，因為三十歲前，若是只看在錢的分上，每年都可以理直氣壯去一個國家當打工度假者，有些國家甚至還可以再延長一到兩年，同樣是遠離夢想，用不著勉強自己留在台灣，所以真正的真實代價，是每個月十二萬台幣。

做一份實行夢想的工作，如果做得很好，不見得會少於一個月十二萬台幣，但是如果為了實現夢想，而選擇一個月四萬元的工作，這中間的差額八萬元，購買的不是別的，就是「夢想」。

無論是販賣自己的夢想，還是購買夢想，那麼事實上是：原本我們以為無價的夢想，其實是可以很容易標價的。

賴在夢想的彩虹上

我有一次在台北，參加一個叫做「洋幫辦」的年輕人團體舉辦的例行活動。這些自稱「幫友」的年輕人，會動手一起做勞作，也會組隊去攀登玉山，變裝參加主題舞會跑趴，參加企業研討會跟舞台劇劇場一樣熱中，「幫主」跟各分會的「分舵主」大都是從海外回流的大企業高薪「海歸」，他們想透過彼此，Hold住對幫友彼此生命都很核心的一種特質——夢想。

想要進洋幫辦，都要先拿起剪刀膠水做「夢想拼貼」，一群人圍著一疊舊雜誌，將自己的夢想剪貼出來，想去旅遊？想賺到一筆財富？想結婚？想去東京的每一個地鐵站拍照留念？都沒有什麼不可以，而且經常不止一次，幫友因此可以透過自我探索更加了解自己和彼此的夢想。

夢想具象化以後，夢想的實現就是一張前進的施工藍圖，沒有壓力也沒有限制，只有幫友間的彼此鼓勵，讓每個成員不要太容易忘記對自己的承諾，還辦過名為「Dreamboyz大改造趴」的派對，讓幫友把自己的夢想寫在紙剪的雲朵上，統統貼到「夢想彩虹」上。

這道夢想彩虹，純真得近乎傻氣，但是當我十年前決定在緬甸北部的高原工作，協助當地團隊從無到有建立全緬甸第一個採取自然農法的有機農場時，**那個遙遠的夢想就是我的彩虹**。

我在緬甸工作了將近十年的農場，位在高原上，每次下過雨，太陽出來時，都可以看到巨大完整的彩虹，每當此時，我就慶幸自己有世界上風景最美的辦公室，就算用台北一〇一大樓窗邊的辦公室交換，我也絕不願意。一年一年過去，我發現自己逐漸從局外人的ＮＧＯ顧問，成為農場的班底之一。不知不覺，已經擁有自己的鐮刀、自己的長筒雨靴；肚子疼時知道要嚼什麼藥草；流血時知道要用什麼樹葉揉碎來止血；原本沒有任何特殊淵源的緬甸，**正式在我的生命中有了重要的地位**，這座荒郊野地中的有機農場，也成了我心所歸屬的一個家。我不敢說我對有機農業的堅持，改變了這個世界什麼，**但是我知道這座農場，卻滋養豐富了原本單調的生命**。我常常跟陌生人自我介紹的時候，說我是快樂的ＮＧＯ工作者，我是褚士瑩。最近突然有一天，大學時代的老朋友，一個非常成功的跨國基金經理人，突然很有感觸地留言給我，沒頭沒尾地說：

「你是我這輩子認識的所有人當中，活得最爽的。」

我想了幾秒鐘，微笑起來，很快地回覆：

「謝謝。我也是我這輩子認識的所有人當中，活得最爽的。」

我的全部家當加起來，可能也買不起他那豪宅的陽台，但是我想我可以接受這份恭維，**因為想清楚夢想的真正成本以後，我決定一輩子賴在夢想彩虹上不肯下來**，幸福說穿了，沒什麼秘訣，只是一個很符合經濟學原理的理性決定。

我時常分享一個挪威朋友克莉絲汀的故事。她是一位專業的小兒科醫師，童年跟著當傳教士的父母在東南亞度過，因此長大後非常希望能夠回到東南亞，幫助這個地區的孩子得到免費的基礎醫療。為了達成這個夢想，克莉絲汀每年三個月回挪威行醫，這三個月中賺的錢，就是一年其他九個月待在緬甸的醫療NGO的基金。人家勸她為什麼不每年多在挪威待一個月，多賺點錢，讓生活過得好一點，尤其她和丈夫剛生了第一個孩子，可是克莉絲汀並不願意：

「如果這樣，我能在東南亞行醫的時間就減少了。」

三個月，顯然是克莉絲汀每年願意販賣自己夢想的上限。

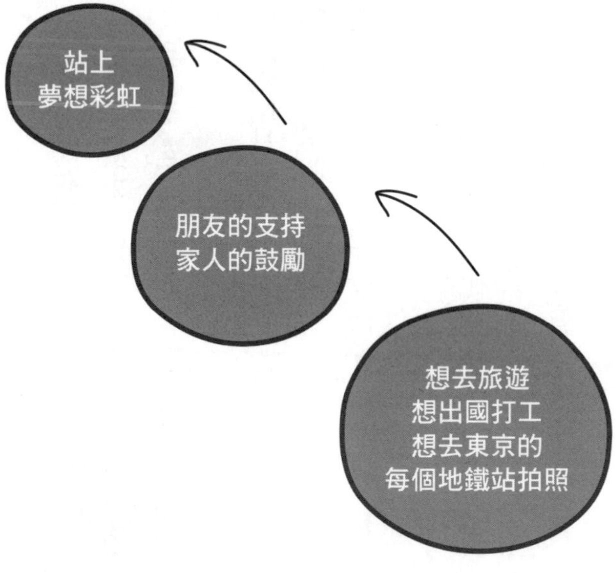

我常常跟陌生人自我介紹的時候，
說我是快樂的 NGO 工作者，
因為想清楚夢想的真正成本以後，
我決定一輩子賴在夢想彩虹上不肯下來。

幸福感何時會停止？

既然說到夢想的價格，我們就乾脆也說一下幸福的價格。

國際鑽石市場的領導品牌De Beers，曾經連續好幾年使用一個廣告標語：

"The best thing two months salaries can buy." 兩個月的薪水，能夠在這世界上買到最棒的東西。

當然，可能是其他人的三個月薪水，也有可能是有錢人一天的日薪，但是總之，幸福被標上了象徵性的價格——一顆鑽石，兩個月的薪水。

外表神聖的婚姻，即使不在阿富汗的部落社會，也不是外籍新娘的仲介公司，出乎意料地同樣也有明明白白的價格。

美國National Institute on Aging（國家人口老化研究所）的DeLeire教授說，基本上結婚會讓人增加幸福感，但價值並不算特別高，相當於花兩萬美金（約合六十萬台幣）在休閒活動所產生的幸福程度相當，這樣說起來似乎有點傷感情，但是休閒活動會讓人顯得比較不寂寞，跟婚姻其實很相似。

心理學家都知道，同樣三萬塊台幣，**花在購物上帶來的快樂，不如買經驗的快樂來得持久，**

比如說三萬塊錢買來的一件新皮衣，或是買來的一台平面電視，一旦穿上身體，或是插上插頭，最快樂的那個剎那就過去了，之後的滿足感就會漸漸消失。但是如果三萬塊錢拿去旅行，快樂的經驗會維持比較久，就像加州大學Riverside分校的心理學教授Sonja Lyubomirsky說的，沒有人旅行的實際經驗是完美的，當場總是會有塞車、排隊、丟失東西、失眠、水土不服、跟同伴爭吵等等不愉快的事情發生，但之後每次回想起來，卻很容易只想到那些美好的片段，花在旅行上所獲得的快樂，也因此比一台新電視帶來的快樂持久。

如果結婚可以換來兩萬美金休閒活動的快樂，那麼如果以每一年花兩千塊美金去做兩次公益旅行，這樣的快樂，不就可以持續十年？這顯然比起十年後還保持幸福快樂的婚姻，還要來得容易許多。起碼，我是這麼想的。

美國最近公布另一個還滿好玩的研究結果，一般來說，薪水越高的人認定自己越快樂，但是美國的中產階級一旦年薪超過七萬五千美金，幸福感就停止增加，也就是說，一個每年賺一百萬美金的有錢人，基本上並沒有比賺七萬五千美金的人快樂。

這個報告中還指出一個有趣的現象：賺越多的人覺得自己快樂，是指普遍對自己生活的滿意度，但並不代表早上睡眼惺忪在高速公路上塞車的時候，一個年薪賺七萬五美金的上班族，會比只賺三萬的另一個人，更能忍受這種厭惡的感受。

可不可以告訴我，**你心目中幸福的代價，究竟價值多少**？

學當一個好的外國人1：學挖井的師傅

在二〇一一年五月首周的經濟學人，有一則名人的訃聞寫著：她的丈夫是個顧家的好男人，會帶孩子去海邊，讓孩子們在星空下夜宿露營，喜歡向日葵，吃優格的時候裡面喜歡加蜂蜜，每天早上喜歡聽ＢＢＣ英國國家廣播公司的對海外廣播，了解這個世界所發生的事情，每個禮拜五還喜歡騎著一匹白馬，跟朋友一起去打獵。

聽起來這都是個很有趣的人。這人可能是北歐某個受到愛戴的王室成員，或是某位量子科學家……可令人驚訝的是，這個死者是賓拉登。

世界上沒有絕對的好人，也沒有絕對的壞人。好人不大可能一輩子從來沒做過一件壞事，壞人也不會整天戒慎思量，確保自己絕對不要粗心大意幹了好事。

我們在媒體上知道的賓拉登，都被描述得像一頭殘忍的怪獸時，吃優格加蜂蜜這種事情，感覺上就很難跟這張臉連起來，但是有時候，我不免覺得這**只是不同的文化下，人跟人的觀念不同**——美國人過度讚美生命，而伊斯蘭教徒過度歌頌死亡，所以保守的美國基督徒，即使知道會毀了一個年輕女人美好的一生，也不願意接受任何形式的墮胎；蓋達組織下長大的年輕伊斯蘭教徒，在婚禮上小夫婦甜美地討論著，再過兩三年他們就要一起變成自殺炸彈客，轟轟烈烈地一起炸成碎片。兩者都讓我毛骨悚然。

因為這個**全球化的世界，比我們想像中更在地**。根據西班牙IESE商學院的Pankaj Ghemawat教授的看法，世界並不像佛里曼描述的那麼平，實際上全世界只有不到百分之二的大學生出國念書，不到百分之三的人住在家鄉以外的外國，百分之七的白米越過國界進入國際貿易，S&P排名前五百大公司的高層，只有百分之七是外國人，全美國的公司也只有不到百分之一在海外設有據點，全球化沒有像我們想像中如此風起雲湧，每個地方，都有在地人，做著很在地的事情，這些**只屬於這個地方風土的獨特點滴，無論語言如何翻譯，恐怕都很難讓外人理解**。

「離開」的力量

真正的世界，從來就不像是一張報紙那麼平面的，就連國際新聞版好像是非黑即白善惡分明，彷彿清楚明瞭，其實完全不是這麼回事。

這是為何每個年輕人要到世界的某個地方去旅行或長住三個月的真正原因，因為就像人類渴望到外太空那樣，我們知道**在舒適圈的外面，有許多的未知將會用我們無法想像的方式**，衝擊我們的生命，唯一能夠得到這些世界秘密的方法，就**像挖井的老師傅那樣，用自己的雙腳去滿山遍野地走**，最後總會找到有泉眼的地方，但對一般外行人來說，卻什麼都看不出來。

有一個台灣中部農業縣的高中，學校有所謂的資優班，被選入資優班的學生，那年暑假就可以選擇參加到美國的遊學團，短短二十多天，旅費要將近三十萬。這些學生的家長很多並不富裕，卻幾乎都想盡辦法讓孩子能夠成行，應該都認為對資優子女的成長學習是千載難逢的好機會，所以就算去標會去借錢，自己再怎麼儉省，也要籌出這筆錢來，所以幾乎全班都去了。

回到台灣後，我跟這些學生們見面，「你們的英文有進步嗎？」我問。

這群高中生都笑著搖頭，「哪有可能！都跟同學在一起，而且其他國家來遊學的學生，英文比我們還差！」

「那你們這趟去美國，到底學到、看到了什麼跟台灣很不一樣的？」

學生們想了很久，說不出個所以然，最後有一個比較活潑的學生突然頓悟般大喊：

「美國的麥當勞比台灣的好吃！」

全班都笑了，並且點頭同意。

旅行不是答案，只是一個方法，有些人去國幾個月幾年，還是一樣的人，我的編輯朋友說，她有個姊妹淘多年前嫁給日本人，到現在還是不會講日文。我身邊也有個很優秀的大學同學，結婚後放棄工作成為家庭主婦，跟來自美國的丈夫派駐在東京好幾年，也在當地生下他們的第一個孩子，離開東京時我的同學鬆一口氣，她說在東京的日子很苦，因為「在那裡，他們都不會說英文」。

聽到這些事情，我都覺得好可惜。很多人花了那麼多的金錢與時間，卻到國外過著封閉的生活，不學當地語言，不認識當地人，如果同樣的機會，給了另外一個人，可能有完全不同的價值。

每年到夏末的時候，我都很期待看到雲門舞集的「流浪者計畫」獲選名單出爐，因為這些在各種領域認真多年的人，如果獲選流浪者計畫，可以有旅行生活費、來回機票、簽證及保險費的獎助，前往亞洲國家進行六十天的自助旅行。

像北京自然之友的陳婉寧，會去以色列參與在地環境議題課程，拜訪國際環境組織，轉化為適合台灣的議題與行動。阿里山鄉南三生活重建服務中心的社工陳芳哲，要去探訪西藏及大陸偏遠地區教育現況，回台後與阿里山鄒族部落國小分享，為社工工作注入新想法。

小小書房店主劉虹風，要去中國各地拜訪獨立書店，與從業人士交流，回台進行獨立書店巡迴座談。清華大學社會所研究生林汝羽要去印度的藏人屯墾區拜訪，報導文學描繪當代流亡藏人圖像，探討印度近年對流亡藏人態度的轉變。

攝影家曾怡馨前往亞洲第一個承認同性婚姻的國家——尼泊爾，探訪法案推動者，並觀察當地人對酷兒族群的看法。巴黎瑟基美術學院的學生江凱群要去約旦學習古馬賽克手工藝術，回台後以大溪老家的民俗慶典為主題與社區合作，設計大溪鎮馬賽克圖案。

劇場及文字工作者姜富琴要去土耳其拜訪女性劇作家與劇團，寫作並發表與女性單身旅行相關文字創作。台大音樂研究所畢業的文字及設計工作者黃佩玲要走訪印度塔不拉鼓門派，了解其發展歷史與演奏特色，回台舉辦塔不拉鼓分享會。

這些對生命很有感覺的人，都是為自己的生命挖井的師傅，給他們一些資源，到一個他們最想去的地方，去做一件他們最想做的事，**即使只有兩個月的時間，也會對生命產生重大的意義，但是對於沒有好奇心，或是還沒準備好的人，就算花很多錢去遊學，也只記得美國的麥當勞比較好吃**。就像家的意義，在我們離家的時候，對家的體會，往往比我們天天在家的時候更多，這就是**「離開」的力量**。

如何藉由旅行跟海外長住的經驗，**把「離開」變成一種習慣，讓自己的生命保持觀察力，才是最重要的**，所以出國只是提供一個可能性，至於那個可能是什麼，就要看你是為自己的生命挖井的師傅，還是匆匆的過客。

學當一個好的外國人2：什麼事只有外國人才能做？

當我們在異鄉，是外國人的身分，往往會覺得無論自己多麼努力，都只能在主流社會的邊緣打轉，這不見得是種族歧視，在我們自己的家鄉，即使交遊不怎麼廣闊的人，透過家人、同學等人際網絡，可以建立起一個相當完整的支持系統，也就是說，想買一台摩托車的時候，總有認識某個朋友的家人，跟哪家車行相熟，可以給一點特別的折扣，要看皮膚科醫生的時候，也很容易就打聽到哪一個醫生特別好，而且到半夜十二點還能去看診，這些看似簡單的小事，無論我們在國外，或是外國人在我們的城市，就變得格外困難，每天這些小事加在一塊，自然就會有在外國生活得很辛苦的感覺，而這種辛苦，是當地人無法覺察的——除非他自己也在異鄉當過一段時間的外國人。

能夠在別人的國家進入主流，甚至選上總統的例子，並不是沒有，像是在南美洲的日裔，或是在加勒比海的印度人，都有這種成功的特例，我也曾經在南太平洋的馬紹爾群島工作的時候，很吃驚地發現這個國家中央銀行當時的總經理，竟然是個台灣人，對於當時二十多歲的我，充滿了激勵作用，我才發現，在國外生活之所以會覺得打進當地的生活圈子很不容易，往往是因為我想要做的事情，當地人如果也可以做，自然就不會特別採用一個外國人來增加自己的麻煩，這並不能說是種族歧視，換成是我當僱主，也會做同樣的決定吧。所以重要的是，**怎麼在別人的國家找到「只有外國人才能做」的事？**

說穿了，就只是經濟學上最基本的供給和需求原理。老一輩的華人在海外，清一色不是開中國餐館，就是經營針灸或是腳底按摩，也就是因為這件事讓當地人覺得華人做起來特別好，我在加拿大溫哥華最喜歡的一家日本餐館「侍」，生意總是好得不得了，其實廚師跟壽司師傅，跟同一條街的十多家日本館子沒什麼兩樣，都是華人跟越南人，但是「侍」唯一不同的是，所有的外

在別的國家，
去做一件因為我是外國人，
因此能夠做得更好的事情，
做為我跟這個新家園對話的溝通工具。

場服務生，清一色用的都是日本人，所以給顧客一種「這家日本餐館特別道地」的印象，但除了販賣異國風情的餐廳或SPA之外，在如此多元的今天，其實還有很多理所當然的事，可以讓我們發揮所長，輕易進入當地主流的社會，只因為這些事由外國人來做，可以做得比當地人更好。

幫流浪狗找認養家庭

前一陣子我應邀到台灣北部一所大學，對在這所大學就讀的外籍生用英語做演講，內容就是怎麼在台灣找到「只有外國人才能做」的事，台下的學生，從布吉納法索到尼加拉瓜，從海地到貝里斯來的都有，這是他們來台灣一年多以來，第一次有這樣的講座，所以參加者非常踴躍，校方的國際事務處無奈地表示，因為學校也不知道可以為他們做什麼，所以過去唯一辦過的國際學生活動，就是保齡球大賽，於是我從自己半輩子在不同的國家當外國人的經驗出發，來將心比心這些國際學生的處境，外國人到台灣來教外語，就像華人在國外開中餐館一樣理所當然，但是**如果無論什麼地方來的外國人，走在台灣的路上都一律被當成美國人**（就像台灣人在國外被認為是泰國人或中國人），**無論什麼專長的人，到了異國最後都只能教英文**（就像華人到國外就只能開中餐館），**那不是很讓人沮喪嗎**？更何況，他們之中根本沒有任何一個人的母語是英語！

我舉了幾個例子，像台中的TUAPA 幫流浪狗找認養家庭，他們的工作人員都是居住在台灣的美國人或加拿大人，透過他們的人際網絡或語言優勢，可以在美加當地幫台灣的流浪犬找到寄養家庭，藉由台灣北美往來的旅客或學生志工當護犬大使，將這些流浪狗跟志工一起送上飛機，交到太平洋彼岸的認養家庭，創造了一個外國人做得到，台灣人自己做不到，但台灣人可以參與的平台，恐怕沒有台灣人可以做得比他們更好，於是很自然地TUAPA這群人，就變成被台灣主流社會需要的一分子，這些年來，我從來沒有聽說過有人對TUAPA所作所為持反對意見的，無不讚譽有加。

出版床邊故事小書

同樣地，台灣希恩透過住在高雄的外國人，幫助有先天缺陷的棄嬰，在西方國家找到充滿愛心的領養家庭；美濃的南洋台灣姊妹會或屏東內埔的好好婦女權益發展協會，讓住在高屏農村的外籍配偶原本被消音的聲音，**可以開始被主流社會聽見**，讓來自東南亞這些各有專長的女性，不只是受到保護，而是讓她們的潛能得以發揮；美國的Peter在台灣成立大地旅人工作室，在農業逐漸式微跟背離自然的台東鄉間，推行樸門農藝設計；同樣來自美國的文魯彬，在台灣的綠黨積極活躍推動著自然保育政策的制定，最近還想開一家消費者自己決定價格的正義餐廳。都是整個社會該做而未做，還好有這些外國人，**做好這些只有外國人才能做的事，才讓我們的「主流」社會變得更完整，更美好**。

我從埃及移住到美國後，作為一個文字工作者，做的第一件「只有外國人才能做」的事情，並不是理所當然地去世界日報或中央社當記者，換一個國家卻做同樣的事情，因為我是極端怕無聊又很俗氣的人，怕做太嚴肅或太小眾的事情，所以也沒有接受來自北京的朋友的邀請，一起在波士頓辦學術性很強的中文文學雜誌，最後我選擇跟當地朋友合作，出版一系列床邊故事的小書，跟幾間精品旅館合作，每晚跟薄荷巧克力一起免費放在來自世界各地旅人的枕頭上，每一本小書的內容，是一則移民的創作，或一篇難民親身書寫發生在他們身上的真實故事，讓這些原本永遠不會有交集的生命，在睡前短短的三分鐘，產生一些理解或感動，這件事情即使到今天回想起來，心裡還是有股甜滋滋的感覺。

這種甜的感覺，每一個不同人生階段讓我繼續去尋找，在別的國家，去做一件因為我是外國人，因此能夠做得更好的事情，作為我跟這個新家園對話的溝通工具，我知道無論到哪裡，永遠可以找到下一件讓我熱血沸騰的計畫。

無論是打工度假也好，存夠了買環球機票的六萬五千台幣後去當背包客也好，還是利用海外實習或交換學生的機會，留學、外派的工作機會也都可以，趁年輕到別的國家去長住一段時間，最少三個月，學習當好一個外國人。

少於三個月太短，感受很難深刻。超過三個月、半年、一年，甚至更久，只要是靠自己的能力，沒有增加別人經濟負擔的話，多久其實都沒有關係，因為時間越久，我們對自己在世界上的位置，就看得越清楚。

記得每一個外國的城市，都是當地幾十萬人、幾百萬人的故鄉，如果問他們世界上最美好的地方是哪裡，大多數人都會說他們所在的地方是全世界最棒，**一旦我們能看到當地人認為最美好的地方的原因，我們就已經不再是觀光客**。帶著那樣的視角回到自己的家鄉，我們就能夠變成一個更勇敢、更仁慈的人。

學當一個好的外國人3：台北公寓中的孟加拉美食

幾年前，認識了一對相當有趣的異國婚姻夫妻，丈夫是孟加拉的NGO組織工作者，妻子是台灣人，正在以孟加拉的基礎醫療私有化的趨勢為主題，與博士論文搏鬥中，他們有時住在台北，有時回到孟加拉做田野調查研究，最近聽說這對夫妻檔，在自家開了一個家庭廚房，專門供應道地的孟加拉料理，所有食物都使用他們親自從孟加拉採購的香料，以及台灣本地新鮮不經加工的天然食材，就像他們的跨文化婚姻般揉合在一起。

有趣的是，還不是有錢就吃得到，他們採完全預約制的方式，沒有六個人不開桌，三天前就要預訂，而且一餐就只接待一桌，不單如此，還規定客人一定要有曾經來訪的朋友當介紹人才行。為了吃這頓飯，我找了幾個台灣朋友跟荷蘭朋友，老早就湊足了人數，訂了日期，用E-mail跟主人來回討論敲定菜單，主人是伊斯蘭教徒不吃豬肉，客人中有的吃得比較清淡，有人入夜後不喝含咖啡因飲料，推敲再推敲，才在三天前把菜單都定了下來，覺得吃這頓飯，比寫專欄還要勤奮。

約定的時候到了，老愛遲到的我，一分鐘都不敢拖遲，跟著進了蜿蜿蜒蜒的小巷子深處，又爬上了公寓五層樓梯，才到了這朋友的家庭廚房，一進屋子，就發現從桌布到燈罩，碗碟到杯盤，全都來自孟加拉，一時間好像走進另一個時空，明明在台北，關了門卻難以想像屋外不是達卡。

前菜有三道，第一道是孟加拉式的家常菜馬鈴薯泥搓成台式的丸子，因為一半是又紅又辣，另一半不辣的呈現香菜的青綠色，於是老闆自己取了個名字，叫鴛鴦薯泥，我特別喜歡辣的，主人說他們用的辣椒經過特別處理，歷經「嚴刑拷打」，包括太陽曬、火爐烤、熱油爆、鐵砂掌……嚐在口中，用女主人自己的話說，是那種「飽經滄桑、刻骨銘心的辣，讓你想罵又罵不出口，想哭也哭不出來……可是它又很綿，讓你不忍心放棄它，再來一口，又來一口，接著再一口……」（感覺上比較適合寫文案，不太適合寫博士論文……）

然後是辛香料做成的煎蛋，還有鷹嘴豆（chickpea）做成的「沙漠黃金豆」，主菜也有四樣，蝦仁醬咖哩，醬牛肝，黃咖哩燉煮而成的什錦燉菜，還有用半筋半肉和咖哩紅燒成的「皇家牛肉」；主食有長米飯也有現烤的手工煎餅，那股手工擀出的特殊咬勁確實可圈可點；配菜則有

「五香雙茄」（番茄和紫茄），展現許多豐富層次的專業香料的生菜沙拉，時蔬今天用的是切碎以後煮軟的青江白菜。

據男主人Mujib說，孟加拉人習慣用手抓飯菜吃，所以煮菜喜歡切得細細的，剛好抓出一口的份量送入嘴中，也發展出很多泥類的菜，像是馬鈴薯泥、茄子泥等，每人還有一碗黃綠紅扁豆湯，壓軸的鹹點原本是牛肉可樂餅，因為朋友中有人不吃牛肉，肉的部分就用切碎的雞蛋代替，卻不覺得遺憾，因為根據女主人說，這道菜的主角原本就不是肉，而是馬鈴薯。外表看起來簡單，卻是一道讓下廚的人很忙的菜。因為不用麵粉，而是以純馬鈴薯磨成綿綿的泥後，精心包住用香料拌炒的餡料，再加上蛋白與自己做的全麥吐司麵包屑去煎到外皮酥脆。

甜點有鮮果盤，跟孟加拉式的焦糖布丁，主人很驕傲地說這布丁全程只有蛋、奶、糖三種原料，其他什麼都沒有，而且還是用最簡單的爐具慢慢熬煮出來的，「靠的是技術和經驗，還有非常非常多的愛，讓吃到布丁的人，洋溢著滿滿的幸福感。」女主人又有點肉麻地加上一句——這人真的能寫博士論文嗎？我不禁為她有點擔心。

飲料部分除了不喝咖啡因，喝台灣式木瓜牛奶的瑞士人之外，台灣人都喝又香又濃的孟加拉「瑪薩拉」奶茶，屈指算算，這頓飯吃到最後還真有十七道單品。這裡反菸、禁菸、拒菸，也不提供酒類飲料。餐點價格還因為女主人自己的學生身分跟女性身分，有友善學生和女性條款——女性同胞和學生打九折，也就是說我完全被排除在外。

想到這頓飯的飯錢，用來支持著女主人繼續完成她在公共衛生領域的博士論文，就覺得這一人五百五十五台幣的定價很值得，沒吃完的還交代統統打包回去，明天繼續吃。這時同伴中有一人忽然不疾不徐從包包拿出四個食物保鮮盒，真是有備而來，心機很重，全場譁然。

這頓飯帶給我一些心得：越來越多人在照顧健康之外，也關心人類的生產、消費和飲食行為對地球生態的衝擊，在關愛地球的同時，如果不需要犧牲口腹之慾，可以享受美食，這樣的樂活概念或許可以更容易被人接受。

台北街頭深處的小孟加拉。下回我想指名吃魚，因為擔任介紹人的朋友，對於平凡的淡水吳郭魚能料理成如此美味，大為驚豔，原來魚是住在恆河三角洲的孟加拉人主要的蛋白質來源，一般養在池塘和淡水河中，超過四十個種類，另外也想吃烤牛肉（孟加拉式的中東Kebab），還有酸奶咖哩雞，還有這次無緣的牛肉可樂餅。

廚房忙完了以後，夫婦兩人終於也得空坐下來，愉快地與客人聊天，說到每次來吃飯的人都很不同，有大學生，有一家老少，甚至有專門慕名來做跨國婚姻的心理諮商的，形形色色。

「或許，完成博士論文後，你們該把這些客人的故事寫成一本書出版，書名乾脆就叫《餐桌邊的人類學家》……」吃飽之後，一群人嘻嘻哈哈出起餿主意來。

飯後女主人像學者在做田野紀錄般，拿出筆記本，認真仔細地寫下今天這十七道菜中，每個人心目中的前三名，比照過去的客人，分析受歡迎的菜色排名的變化，一點都不像做生意的人，或許也是這樣，這頓異國料理，讓人吃起來感覺特別愉快。

「謝謝你們資助我把博士念完……」臨走前女主人對著客人說。原來我們吃頓飯，不只可以友善環境，還能供人做學問，這麼一想，吃撐了的腰桿子，一下都挺了起來。

旅行，教我成為一個勇敢、仁慈的人

我從小就不是一個覺得自己很棒的人，也從來沒考過第一名，選上班長、模範生，獲得過任何比賽的冠軍。

但我知道對於自己來說，**我是個世界上最特別的人，因為我是我**。

這點是沒有其他人能夠從我身邊搶走的。

從小我就認為，當我背得動行囊的時候，就會離家出走，騎得動腳踏車的時候，就會去環遊世界。

當然，那時候的我，一次又一次被抓回來痛打一頓。直到有一天，我真的跑得很遠很遠，到了埃及去念書，再也沒有人可以找到我。那一年，不苟言笑的父親突然問了我一句話：

「兒子啊，你知道為什麼我沒有阻止你去環遊世界的夢想嗎？」

我搖搖頭，知道說什麼都會錯，因此沒有答腔。（「兒子啊」聽起來好像很做作，只有電視連續劇才會出現的叫法，但是在我家就是這樣活生生地發生了。）

理工出身的父親，當時給了我生平第一次感性的回答，他說：

「不管哪個時代，哪個年輕人沒有環遊世界的夢想？如果你可以靠自己的能力實現，那我憑什麼阻止你呢？」

就在那一刻，我才知道，這份想要環遊世界的渴望，一點都不特別，**從來沒得過第一名的我，連夢想也沒有比別人強，唯一特別的是，我真的就這麼去做了。**

就在那一刻，我體會到我的價值，不在有特別好的夢想，而在於我有好的態度。

幸運的是，**我的夢想不是趁著年輕去賺錢，而是相信了趁著年輕去旅行**。旅行改變了我這輩子對於生命的態度，如果旅行是一個大神的話，我就是常常用生命去祭獻進貢的忠實信徒。

但是，旅行究竟有什麼特別之處，是生長的故鄉完全沒有辦法給我的？

「旅行，教我成為一個勇敢、仁慈的人。」

其他的各種學問和知識，只要考試會考的，有標準答案的所有問題，我在學校裡都學得到；孝順父母跟兄友弟恭，在家庭裡學得到；生活裡的眉眉角角，如何趨吉避凶，少輸多贏，只要三教九流的狐朋狗友夠多，也都學得到。但是華人的社會裡，似乎沒有人強調年輕人要見義勇為，家庭裡也不會強調孩子將來長大要充滿仁慈。如果不是拜海外長住之賜，我可能永遠學不到這兩個重要的人生功課。

不是法律問題，而是懂不懂仁慈？

我最近收到朋友轉貼的一篇文章，作者是台灣來的Apple，說她所身處的澳洲城市Perth（伯斯），某個寒冷的冬天夜晚下班回家經過北橋區（中國城）附近的COLES超級市場，旁邊有一大塊綠地，是著名的遊民集中地，Apple的丈夫跟其他當地人一樣，也都會特別叮嚀經過這一帶要小心安全，並不是因為瞧不起遊民，而是因為遊民中不乏有吸毒者，酗酒爛醉如泥的酒精成癮者，還有視進出牢獄為家常便飯的罪犯，每天傍晚都會有慈善機構到公園來發放熱湯，正當她提著大包小包在等紅綠燈的時候，剛好看到一群穿著亮眼的女孩子聚在超市外面的小平台，一群來自台灣打工度假的年輕人，竟然為了貪小便宜，去爭領當地慈善機構分發給遊民的免費救濟食物，其中還有一個打扮得很入時可愛，戴著毛線帽，穿著短靴很時尚的女生，忙不迭地用中文高聲招呼同伴：

「快快快！就在那裡!!再不快一點就發完了！」（原網誌連結http：//applelovemark.pixnet.net/blog/post/35330945）

Apple在網誌上說，當時她活像被呼了一巴掌，整個人臉紅氣悶羞愧到不能呼吸。冬天的伯斯，晚上會冷到攝氏四度左右，白天也至多不會超過十五度，如果下雨的話整個城市又濕又冷，無家可歸的遊民，穿著骯髒殘破的衣服，拉著所有家當——千瘡百孔的行李箱，坐在街上乞討，他們可能是各式各樣的任何人，從白人到澳洲原住民都有，有一些好心的慈善機構，就會定時在清晨跟傍晚，開著小貨車或是私家車，在遊民出沒聚集的公園發放熱湯或簡單的飯食，讓他們至少可以吃一點東西，不至於在寒冷街上凍死。這種soup kitchen的制度，其實不只在澳洲，大部分的西方國家都很普遍。

這篇網誌立刻在網路上掀起了一陣小小的漣漪，有人贊同Apple的觀點，覺得這麼做真是太可恥了，有人猜想這些剛出國的「菜鳥」，可能不知道這是專門給遊民的，也有的網民懷著鴕鳥心態，抱著一線希望認為也有可能不是台灣人，也有人毫不在乎地說既然是免費的，去拿也不犯法，有什麼好大驚小怪，幹嘛對自己的同胞這麼嚴苛。

但是我覺得有一個網友說得很中肯：「雖然不犯法，但是可恥。」

因為法律是最低標準，並不代表只要不犯法的事情，就都值得去做。我的確也時常聽到年輕人在各種場合動不動就說出「這有犯法嗎？」這般無賴的話作為回應。

貪小便宜去領取救濟遊民的食物這件事情，並不犯法，可是說明了台灣的教育，顯然沒有教好「仁慈」這門重要的人生功課。

這讓我想到印尼峇里島有一座完全用竹子跟天然建材在森林裡建立的露天學校「綠色學園（The Green School）」，是由一群充滿理想色彩的外國家長發起的，創辦人Hardy夫婦原本從事珠寶設計，現在除了辦學，則是靠竹製品為生。

這所從幼稚園一直到高中的獨立學校有兩百四十五個學生，二〇一三年才會製造出第一批畢業生，每個年級都有一個自己的耕種計畫，也都各自參與支持一個當地的NGO組織，連學校的無線網路都是由校園裡的水力發電供應的，但這學校最特別的是，**學校教的不是知識跟解題技巧，而是價值觀**。

比如說小學五年級的教學主題是「水」，於是這一年所有的學生，就專門學習所有身邊跟水有關的算術、文學、生物、物理等知識，甚至還有一堂水產課，讓學生自己養鯽魚。

小學六年級的課程主題，則是學習「碳足印」，所以每個學生要透過學習數學公式跟其他各種科學知識，以及各種相關的知識，來計算出各自的碳足印，計算出結果後，還要親手在校園種植足夠的竹子，來抵銷自己的碳足印。

至於這些學生高中畢業要申請大學的時候，會不會進入哈佛大學，是很難說的，因為大學的申請表格，並沒有對「大自然尊敬」這一項目可以勾選，但即使如此，顯然有兩百多個孩子的家長，願意花每年一萬美金（三十萬台幣）的學費，舉家搬到峇里島，來參與這個大膽的全人教育實驗。

會將孩子的未來寄望於這所學校的家長，或許就像一些會把孩子送到森林小學或是華德福學校的家長，被外界批評為自命清高，或是一群老嬉皮，不顧現實也不以孩子的前途著想，只想創造一個遺世獨立的貴族嬉皮學校。通常私立貴族學校，標榜的都是創造出下一個世代的世界領導者，但是我寧可相信這些綠色學園的學生家長，是真心希望自己的孩子，未來能成為不僅僅以「不犯法」為最低標準，或是以「會賺錢」為最高準則，而是具備更多美好、正義的人格特質，與大自然有著和諧關係的全人。

再回頭來看爭領遊民食物的事件，我並不懷疑Apple訴說這件事情的真實性，也不否認乍聽到時的確心裡覺得很不舒服、很難過，但是我認為這是可以被區區三個月的旅行經驗輕易改變的。如果猜得沒錯的話，我相信這群年輕人一定離開豐衣足食的家庭，應該還不到三個月的時間，對於西方社會所謂soup kitchen提供遊民免費食物的制度，還沒有很多認識，或是對於遊民在西方家庭文化結構中的意涵，不甚了解。

如果在海外長住三個月以後，只要任何一個有基本判斷是非能力、心智成熟的成年人，很難不產生同理心，開始看到自己生命中缺乏仁慈的問題，雖然沒有犯法，但是真的很可恥。Apple一時在氣頭上，說台灣人這麼做，難怪被認為是泰國人、大陸人，也同樣是缺乏仁慈的說法，如果我是泰國人或大陸人，遭受池魚之殃，應該也會覺得生氣吧？當然，Apple後來在回應留言時，也一再強調說自己發文的時候情緒激動，用詞不當，其實這件事情跟主角任何國籍都沒有關係，跟這些食物發放的對象是以澳洲原住民為主的遊民，很多拿著高額的政府社會福利補助買醉、吸毒，甚至性侵親生子女，也都沒有關係，重要的是，我們能不能深刻自省，**人生在世不能只以沒有犯法為標準，而是對自己和對別人生命的尊重作為更高的標準**。

這些台灣人和澳洲社會的衝撞，台灣人和台灣人的衝撞，就是在磨圓生命尖銳稜角的必經過程，我並不特別苛責文中這群台灣來的年輕背包客，相反的，我覺得還好他們選擇離開家鄉，到一個環境很不同的地方，讓他們有機會看到在國外貪小便宜的後果，竟然會引起這樣的軒然大波，因此立刻就有機會學習怎麼當好一個外國人，實際上，Apple說網路上一傳十，十傳百，就再也沒看到有打工度假或背包客的年輕人，再出現在領取遊民免費食物的隊伍裡。

如果出國學到一點仁慈、正義的態度，這趟旅程，已經值得一輩子受用了！

不用當「怕輸先生」

領遊民的免費食物的事件若發生在台灣，多半會被當成無關緊要的小事，我之所以這麼說，是曾經親眼在台灣八八風災剛過後，在台北大安森林公園收集捐贈物資的定點，看到騎著摩托車經過的兩位時髦年輕女性，騎過路口後又突然逆向從紅磚道上回頭，指著堆得高高的瓶裝礦泉水，毫不在乎地對男性志工說：「那麼多，我拿兩瓶可以吧？」

被問的年輕志工啞口無言，還是旁邊的阿桑生氣地跑過來，斷然拒絕，這兩個年輕潮女，也無所謂地笑一笑，戴回安全帽就又繼續上路了。應該也就是正好看到「不問白不問」。目睹這件事情經過的我，當時應該跟Apple的情緒同樣激動，恨不得當時錄下全程，PO到網上讓網民人肉搜索。

但是幸好這幾個在澳洲去公園爭領救濟食品的年輕人，當初給了自己一個到海外長住旅行的機會，才因此有這個犯錯的機會，因為在異國作客，「怕輸」的後果才有機會被突顯出來討論，這幾個背包客只要能再待久一點點，我想這個故事裡，不論是指控的Apple，還是被指控的這些年輕男女，都會看清其實在這故事裡的每一個人物都不是壞人，只是在台灣的教育體制下，被訓練成「怕輸」的人罷了，去爭食免費的遊民食物，在少子化的家庭，你爭我奪的社會環境下長大，從小養成怕吃虧的習慣，Apple覺得同胞丟人現眼，也是怕輸給白人，怕輸給泰國人，更怕輸給中國人，大陸富商到台灣發紅包高調行善，台灣人跪地討錢，因此「輸了」，也是同樣的邏輯。

只有當年輕人透過旅行的時間跟空間的距離，去認識「需要」跟「想要」的差別，我們才會清楚知道，不應該去領給遊民的熱飯熱湯，因為這熱湯在寒冬中，是給「需要」的人，而不是「想要」的人。但是從小，我們像被訓練鬥犬般，在各式各樣的比賽當中，被刻意煽起高張的求勝意志，好勝心當成美德般被師長歌頌，自然養成無論大小，只要有比賽就「想要」贏的習慣，與其斥責這麼做的年輕人，不如說，還好有打工度假這種簡易的海外長住機會，讓我們可以有機會輕易地看到「怕輸」的荒謬。

怕吃虧並不是台灣人的專利，或許是普遍存在充滿競爭的華人現代社會的現象。我有個新加坡的朋友劉夏宗Johnny，他多年前就以一套《Mr. Kiasu（怕輸先生）》的漫畫紅遍星馬華人圈，就是因為他用幽默的漫畫，血淋淋地將新加坡人普遍存在的怕輸心理描繪出來，達爾文說，適者生存，而新加坡的華人對物競天擇的道理加以解釋，認為求存的最佳方法莫過於怕輸。運用得當，或許正面的意義可以大過於負面的貶抑。這個怕輸的過程，其實也就是努力的過程，奮鬥的過程。

很多新加坡人每年出國旅遊，說是放鬆度假，卻因為「怕輸」而要求在最短時間內參觀最多的景點，購買最便宜的東西。台灣年輕背包客，因為「怕輸」而去領取免費的遊民救濟食品。美國有些富裕家庭「怕輸」，因此舉家搬到海峽兩岸或新加坡，讓年幼的孩子從小就上中文學校，免得錯過亞洲世紀。重要的不是讓我們變得不怕輸，而是能夠探究**我們為什麼這麼怕輸？怕的背後，是否存在著成長過程許多複雜的因素**？

正面的怕輸心理，會促使某人為達到理想目標，考慮得更加仔細與周密，為此而做更多的功課，並且增加很多的責任感。我們可以當「怕輸先生」，可是要當個仁慈、勇敢的「怕輸先生」。

既然說到勇敢，我就不能不提我的一位高中同學張正，在我心目中，他是一個真正勇敢的人，他二〇〇六年在立報底下，創辦越南文四方報，給在台灣的越南勞工跟越籍配偶看，有創作的園地抒發心聲，有法律跟醫療的諮詢，也有來自故鄉的八卦，如今四方報已經浩浩蕩蕩增加了印尼、泰國、菲律賓、柬埔寨版本，觸角遍及在台灣使用這五國語言的六十萬外勞跟外配，他說當年之所以這麼做的原因是出自於「樸素的正義感」，而那股正義感，我覺得跟他去越南四個月，體會到異地而處，發現自己在越南社會有如聾啞般的處境，就跟越南人剛到台灣是一樣的，那樣的經驗，**轉化成為正義的勇氣，決定要做對的事，四個月的海外長住，能夠喚醒一個文藝青年的勇氣，極可能因此改變了一生**，對於張正來說，當然是件大得不得了的大事。

如果只是怕輸，當年他的銀行存款裡只剩下一萬塊，說什麼他都不應該做這件事。但還好張正夠勇敢，今天的台灣社會才會多了一個仁慈的媒體。

一個曼谷計程車司機口中的台灣

我最近有一天在泰國搭計程車的時候，手機響了，是一通來自台灣的電話，放下電話後，司機先生很興奮地說：「原來你是台灣人？」

想必不是因為我泰文很好，而是皮膚太黑。

於是司機先生打開話匣子，說他曾經在小人國工作過五年，我問他在台灣當泰勞的那段日子，印象最深的是什麼？

「第一個印象就是好冷！」

我一聽就笑了，這個我完全可以理解，因為在泰國的冬天，如果會到攝氏二十度，就會看到皮大衣、圍巾、貂皮大衣都出籠了，這個天氣，波士頓人已經打著赤膊在海邊曬太陽，享受夏天的陽光，但曼谷街友甚至還有失溫凍死的，所以就連「冷」的感受，其實都不是一種科學，而更多是一種對故鄉的記憶。

「第二個印象就是，台灣計程車好貴！」

這我就覺得很好奇了，因為台灣的計程車雖然比曼谷貴，但並不是貴太多，跟歐美或日本比較起來，更是便宜，於是我問司機先生，他都搭到哪裡？

「每個禮拜六放假，我搭計程車從小人國到龍潭，短短幾分鐘的距離，卻要台幣一千塊！我在曼谷跑一整天也不過一千多塊，台灣的計程車真的好貴！」

這還是十年前的價格。

當時我在想，應該告訴他真相，說他被幾個不肖的計程車壟斷欺負了五年，還是應該就讓他保留對台灣的良好印象，不要戳破？

你會怎麼做？

如果說破了，這樣算勇敢嗎？還是應該要回台灣去寫一篇網誌，呼籲**大家對外國人做生意，不可以用雙重標準，因為我們在國外，也不希望別人這麼對待我們**。拆穿沒有辦法改變的真相，讓司機先生多留下一個遺憾，是否有失仁慈？還是真正的仁慈是揭露事實？

在這個國際交流的時代，我們很容易就會變成別人眼中的外國人，**如果不知道怎麼當好一個外國人，我們自然也就不知道如何在自己的國家，善待一個外國人**。想想自己到其他國家的樣子，那麼我們就更知道要如何將心比心了。

坐在計程車後座的我，想著：

「如果我是泰國人，遇到這情形我會怎麼做？」

當我去買衣服，如果一件我很喜歡的衣服卻沒有我要的尺碼或顏色，當場難免會失望，假設我問店員，可不可以幫我調到貨，他會先答應我，但是當我隔天滿懷希望去取時，卻發現還是沒有，而且店員昨天根本就已經知道不可能有，只是沒跟我說。從我們本國人的角度來看，我們可能覺得店員沒說實話，害我白跑一趟，但是如果你是泰國人，你就知道泰國店員這麼做有理所當然的原因：

「因為你本來就已經很失望了，如果我又跟你說不行，那你連續不開心兩次，不是很可憐嗎？如果我先說可以，你就會變得很開心，隔天再跟你說實話，那你就只有不開心一次，我這是在做好事幫你啊！怎麼能說是欺騙呢？」

這麼一想，我決定順著計程車司機的話，接著說：

「台灣的計程車真的好貴啊！不過現在公眾交通變得超方便的，又很便宜，你下次去的時候，一定能夠省很多！」

司機先生點點頭，露出很滿意的微笑，我也覺得心安理得。

每天活著就是一場小旅行

旅行的地圖，逐漸跟我生命的地圖重疊，也讓我的生命，跟其他的生命重疊。從三個月到一年，一年轉眼變成十年，確信「旅行」還會帶著我走向生命的下一個階段。

我可以把一生交給旅行，因為不管有沒有拿著機票、護照，相信**每天活著就是一場小旅行，每天的一日遊行程都充實，連結起來一輩子就是一場很棒的大旅行**。但是我也能理解，並不是每個人對於旅行，都有旅行者這樣有如宗教信仰般的信念，交付自己的生命，但是無論如何，至少給自己一次三個月的旅行，到另一個完全不同的地方去，這三個月中，無論當時知道與否，肯定會發生改變往後一生的事，或是遇到改變一生的人。

畢竟，旅行是我們能給自己生命最美好的禮物。

第2樣
禮物

找到可以做一輩子的運動

找到一輩子可以進行的運動，除了讓自己保持活力，
讓自己不羞恥於看到自己的身體，
更重要的是訓練我們的心理技能。

養成運動習慣，就是永久的健康保險

韓國前一陣子進行了最有魅力百位單身男人排名，結果相當有趣，這一百個單身名單中，足球運動員佔多數。

成功運動員的魅力究竟在哪裡？是在發達完美的肌肉，動輒上億的合約，還是在求好求勝的性格？如果一定要說個答案的話，我認為**運動員的真正魅力，應該是持續的運動習慣展現出來的自信和充沛活力，讓運動員走到哪裡，都讓周圍的人感受到他們很強的存在感**。

養成運動習慣，也是最划算的健康保險，這是為什麼在英國有些人壽保險計畫，被保人上健身房時，可以將一把專用的個人鑰匙卡登入運動器材，每次使用的時候，就會記錄每次運動消耗的卡路里數，根據運動的習慣，保險公司就會依據這個資料來提供保險費的折扣，所以**有運動習慣保持健康的人，就可以節省比較多的保險費**。

在美國，許多保險政策也會支付受保人的健身房會員費用，因為保險公司覺得保持保戶的健康，延遲或避免被保人申請理賠，是最划算的投資。

什麼是「感覺好」的人

當我還是學生的時候，曾經讀到一個女作家的文章，作者是誰已經記不得了，文章中大意說她在少女時期，總是覺得自己太胖，臉蛋不好看，個子不夠高，總是對外表有萬般的不滿意，結果三十多歲的時候，有一天翻出當年的舊照片，才發現這輩子最美麗的時候，就是在那個覺得自己與美麗無緣的少女時期，只是當時不知道「青春無敵」的意義，就這麼讓此生最美的時候在咳聲嘆氣中過去了。

不知道為什麼，當時讀這篇文章就留下深刻的印象。

日本幕府時代，如果看到一個女人牙齒染黑，又將眉毛剃光，必然是個有孩子的媽媽。由於婚後，必須染牙剃眉，萬一在婚後不幸成為未亡人，這女人如果持續染牙剃眉，則表示當事者沒有再婚的意思。

當時的歐洲人發現日本少女以及男人的牙齒都很白，但是已婚婦女的牙齒卻黑得發亮，因此深感厭惡這個傳統，因為染了黑牙的女人，一張嘴巴就像是「開了口的墓穴」，當時的荷蘭航海員斯溫森紀錄上寫著「每次看到她們開口說話，都會不由得後退」。據說，染黑牙的女人也意識到自己的醜態，於是有些年輕女子笑的時候盡量不讓難看的牙齒露出來，但是女人為了明示自己已嫁作人婦的身分，為此她們不惜以犧牲自己的個人魅力為代價。

當時的少女們享受著充分的自由，竟日用說笑、喝茶、吸菸、化妝，還有就是參加各種祭禮來打發時間，但一旦結婚，無拘無束的生活也便宣告結束，因已婚女人就要盡到妻子、母親的責任。換句話說，剃眉以及染黑牙就是對自己已經完全拋棄了之前的虛榮心和享樂的心性的一種證明。這跟馬賽族年輕男子很像，年輕時充分地享受自由，甚至連離經叛道的出軌行為也會被容許，但是以某一天為界，就要變身成為用善辯的口才和準確的判斷力來維持部族秩序的長老。

十九世紀以來，歐美人對日本少女的美著迷，文獻當中記載安政五年（一八五八）卡廷迪克指揮咸臨丸航海演習時訪問鹿兒島。看到當地姑娘「穿著薄如輕紗的和服，披著濃密黑髮」，卡廷迪克自己也醉心於日本姑娘「美得無以言表的長髮和巧致的髮髻」，荷蘭水兵都興奮地對他說：「從來沒有見過如此場景。就在這兒下錨吧，我們哪兒也不想去了。」

但是當時的歐洲人也知道，嚴格地來說日本女性不能算美，霍伯納說「她們一點也不美。顴骨有些過高，眼角過於細長，而且厚厚的嘴唇缺少纖細感」，但是讓歐洲人醉心的美，來自於「她們歡快、淳樸、賢淑、天生優雅」，讓人感覺非常親切，感覺好，長期在日本生活的外國人，審美觀不知不覺就改變了。看慣了身材矮小、穩重矜持的日本女人，就覺得自己國家的女性不夠優雅，甚至粗野而帶有攻擊性。

所以做一個讓人感覺好的人，才是美麗的真正條件。

一輩子做一個讓人感覺好的人，就可以跨越年齡，在外表上也持續表現出魅力，而不見得需要是八塊肌、九頭身的俊男美女。

「感覺好的人」，說起來很抽象，但是我仔細觀察身邊，那些讓我感覺好的男女，都有一個具體的共同點，那就是他們都有除了家庭與工作之外，生活上面動態的嗜好，讓他們同時持續保持身體的充沛活力以及精神上的樂趣，外在的顯現，就是美好的魅力。

真的愛自己的話，別把自己「噴醜」

最近跟一群幼稚園的同學聚餐吃飯，其中有一位我們都叫他老王的大學政治系教授，騎著一台很醜的腳踏車出現在大夥面前，因為實在太醜了，以至於大家都忘了進行到一半的話題，圍繞到他的自行車旁嘖嘖稱奇。

這台車前面有菜籃，後面有兒童座椅，整台車架東一塊西一塊長了綠色、橘色的噴漆，跟堂

美麗的條件

=

找到一輩子的運動

+

讓人感覺好

堂一流大學教授的身分顯然很不協調，但是仔細一看，這台爛車竟然是貨真價實的新車。

「買的時候，老闆問我要不要『噴醜』，才不會被偷。」老王的神情顯得很複雜。誰能怪他呢？

沒想到現在的腳踏車店還有一種叫做「噴醜」的服務，讓全新的車也沒人想偷。

聽到這個故事的泰國僑生朋友Joy，也回憶她回台灣時見到一個老同學，明明才車齡五年的自行車，看起來卻有二十年的風霜，連手把都生鏽了。

「所以這就是你愛它的方式?!」Joy問。

「這樣才不會被偷走……。」這個朋友說。

Joy說在泰國大學當單車社社長的他，實在沒辦法看到台灣的腳踏車，默默地接受主人這樣奇特的愛。

我一個高中同學在台大當教授，一聽也說：「台大有很多噴醜的腳踏車！」

我想了想，老王任教的確就是台大！

我忍不住問老王的太太，這「噴醜」到底是怎麼一回事，王太太說自行車行老闆說，防偷的方法只有兩種，一種是噴醜，另一種就是加裝兒童座椅，但是後者要多花高達上千元，只好選前者，「現在想想，老闆當初說，乾脆去買二手的就好啦，反正外觀都一樣～～」王太太有點懊悔地說。

原來在街上偶爾也會看到，醜到應該要報廢的機車，搞不好其實也是新車喲！從此我走在台北路上，看到特別醜的交通工具，都忍不住瞇著眼睛多看兩眼，看看是不是受到主人特殊的愛。

經歷了這大學校園的一堂特殊文化教育課，我忍不住胡思亂想，會不會以後婚紗業也會推出「噴醜」這一項服務，把新娘噴醜，還要加裝兒童座椅……就像日本幕府時代已婚婦女要剃眉、染黑牙……把新娘弄醜，讓嬌妻在家裡當黃臉婆買菜帶孩子，跟把腳踏車噴醜裝菜籃加兒童座椅，相似度越想越高啊！哈哈！這麼一想，那我身邊不少人家，都算是徹底實踐這種傳統文化了……

因為怕被偷走，所以老王用奇特的方式來愛車，善妒的丈夫用奇特的方式來愛妻，年輕人也用奇特的方式來愛自己，有時這包括了使用毒品來瘦身，進行不必要的整形手術，雖然我們都知道，「愛」顯然有更好的方法，無論對象是一台自行車、一個終身伴侶，或是自己的軀體。

真的愛自己的話，就別為了任何人而把自己噴醜。

陪伴身體的夥伴就是：運動

運動的習慣，一路走來幫助我很多。尤其很多人對於長途旅行造成的時差，或因為體力上的負擔敬而遠之，但總是看我照樣可以到處跑跑跳跳，覺得我是過動兒或是精力過人。**我除了做自己喜歡的工作之外，能夠活力充沛，讓我去完成其他我想做的事情，大都要歸功於每天固定的運動習慣。**

小時候，我的母親曾是瑜伽老師，也喜歡登山，到現在還在社區公園帶領太極拳，父親則是當地保齡球隊的隊長，每個周末還會去海釣，表面上是個非常有運動細胞的家族，其實從基因上來說，一家人很不幸地都笨手笨腳，手腳不大協調。因此如果是團體的球類競賽，熱門的排球或籃球之類的，恐怕都會被嫌棄，就連小學生的躲避球或踢毽子，跳繩或扯鈴，也都沒有我們的分，這或許是為什麼，田徑項目慘不忍睹的姊姊被派去擲鐵餅，從內到外一派僵硬的哥哥成了行進軍樂隊的指揮，站不挺坐不直，被老師批評像毛毛蟲的我，則乾脆被扭進了游泳隊。仔細看來，一家五個人擅長的都是不需要快速反應，只需要重複動作做好就可以的運動，難怪自小到大，全家人從來沒有一起出門去運動過，就連去扔個飛盤都沒有，我很快就發現，擲飛盤給我家的狗，可能還比較有趣。

一個人也可以做的運動

從中學時代開始，我就熱中於游泳跟划獨木舟的水上運動，證明了**就算缺乏運動細胞的基因，也都能找到適合自己一輩子的運動**。夏天在波士頓小島上的家，早上醒來最開心的，就是能夠自己一個人，或是跟幾個朋友划著獨木舟出海；冬天在曼谷，周末也會搭兩個小時巴士，到海邊去租一艘獨木舟，划到只有船才能聯繫的僻靜港灣小屋度過。如果因為工作在路上，無論是英國倫敦還是曼徹斯特，台北還是緬甸仰光，還是泰國曼谷，每個城市也都有我喜歡的奧林匹克標準游泳池，一個人也好，幾個家人朋友一起也好，每天總能縱身一躍入水，在兩千公尺短短不到半小時，**找到屬於我的生活規律**。

看來，就算哪天骨質疏鬆，膝蓋關節磨損，或是受到風濕或其他病痛所苦，甚至少了一手一腳，應該也不至於讓我完全無法游泳或划船，因此覺得自己頗為幸運，**找到兩個可以從事一輩子的運動，幫助我照顧這個要陪伴自己一輩子的身體**。

一台自行車或摩托車，甚至汽車，買來以後可能跟著我們五年或十年的時間，所以我們都很悉心愛護，身體也要跟著自己一輩子，找到一個可以從事一輩子的運動，應該是最簡便的保養方法。

我去大學演講的時候，總會忍不住問台下的大學生，認為自己有一輩子喜歡的運動的人請舉手，通常大多只有十分之一，因為體育除了在運動相關的科系外，在高等教育裡顯然是被忽視的，以至於學校整體排名越前面，有運動習慣的學生就越少。當然這不是台灣唯一的現象，東京大學的橄欖球隊，或哈佛大學的足球隊，也都只能算是三流的水準，我接著又問，他們選擇的終身運動是什麼？

「棒球。」有學生這麼回答，身上還穿著沾滿泥土的球衣，顯然真的很喜愛。

「你覺得棒球可以打一輩子嗎？」我問。

「可以啊！為什麼不行？」他理直氣壯地說。

「打棒球需要幾個人？」

「九個。」

「啊？」我故作驚訝地說，「這樣要跟誰打啊？」

台下傳來一片哄笑。

「十八個。」他改口說。

「一次要約齊十八個人打棒球，容不容易？」我接著問。

「不容易。」他搖搖頭。

「你今年幾歲？」
「二十。」
「如果二十歲的時候要找齊十八個人打棒球都很困難，那麼等你四十歲的時候呢？」
台下突然變得一片安靜。
「六十歲？八十歲的時候，就算有十八個人想打棒球，有幾個人還能揮棒？幾個能滑壘卻不摔斷腿？」
「所以，一個適合一輩子的運動，通常是即使一個人也可以進行的，場地跟體力的限制，也不是那麼嚴格的。」
於是橄欖球、足球，都被淘汰出局，但是游泳、慢跑、登山健行、武術、自行車、羽毛球，這些原本看起來不太「厲害」的運動項目，就進到了榜上，因為殘酷的現實是，我們一旦跨過了二十歲的門檻，可能就永遠再也不會有幾次聚集十八個人，同時可以打棒球的時候了。

從運動中學習什麼？

我有個香港朋友在當地的國際學校教體育，每個學期末，他會請這些年輕運動員的家長，在問卷上發表心聲，我借來翻了一遍，發現有小學六年級的家長，說乒乓球讓她原本太過文靜和內向的女兒，變得更積極、更有自信，之前雖然曾經參加過多項體育運動，但似乎興趣都不大濃厚，家長明白小孩子應該多方面地嘗試，找出自己的興趣和強項，然後才進一步專注發展，所以也沒有勉強女兒。小學三年級時，參加了校內班際乒乓球比賽，竟得到了冠軍，全家人都十分開心，對乒乓球因此產生更加濃厚的興趣。接著參加了校內的乒乓球訓練班，學習各種控球技術，表現優良，更得到老師和同學們的認同，這不但提升了她的自信心，她在學習和課業上也變得更加自發主動。

當老師問家長，運動改變孩子最大的是什麼，家長毫不猶豫地說：

「乒乓球這項運動，讓我女兒成為敢於面對困難的新一代！」

其他選擇網球、籃球、田徑、跳高、跳遠、游泳、東方舞的學生家長，也幾乎都說類似的故事。有人說親子關係得到進一步拉近，有的孩子透過比賽對事物開始都有自己的見解及能力，也有原本唯我獨尊的獨生子女，自從在球隊跟其他隊員相處，開始變得懂得與人溝通，自信心也提升了。甚至有家長承認曾經為了希望孩子專心應付重要的考試，暫停他的所有運動及活動，卻發現原來做了錯誤的決定，孩子不但不會像家長所想的那樣，因為運動練習而荒廢學業，反而會更積極、努力地安排溫習時間，讓自己得到理想的成績。

我深信，就算不是運動員，即使一個孩子也可以透過運動的習慣，鍛鍊出運動員的心態。

運動員的心態是什麼？試想，在競爭激烈的運動場上，冠軍肯定只有一個，但是**獲得冠軍的人，有時不一定是實力最強的人，卻是在比賽中發揮出最佳表現的人**。

運動競賽，要求運動員在消耗巨大身體能量時，也須付出巨大的心理能量，才能發揮最佳表現。生活上何嘗不是如此。

很多人以為運動員之所以跟我們一般人很不同，是因為他們擁有敏捷的運動細胞，但是多位運動心理學者的研究都共同指向所謂的「心理技能（Psychological Skill）」。心理技能被視為一種加強運動員克服障礙的能力、提升運動表現、人際關係和自信心的工具，並且幫助運動員成長。

就算不是運動員，只要看過《翻滾吧！阿信》這部電影的人，也都看到一個頂尖運動員創造最佳的運動表現，不僅需要一流的生理因素與反覆的技術訓練配合，心理因素更是左右運動員是否能達到尖峰水準的主要原因。

運動幫助我們排除負面思考

人類的競技運動從古代發展到今天，運動員之間的技術、體能的差距日益縮小，競爭越發激烈，心理因素影響比賽成績也變得更加明顯。

很多運動專家也分析說，台灣運動員在奧運等大型國際運動會的表現，常常因為未充分發揮實力而錯失得牌機會，並非努力不夠，而是運動員的心理素質不佳，普遍缺乏長期、有系統的心理訓練，所以雖然在體能或技術上不比對手遜色，但往往在關鍵時刻表現失常而落敗，就是因為心理素質不佳、臨場抗壓力不足，成為比賽勝負的真正關鍵。

一個運動員為贏得勝利，必須專注於每一個動作，並且排除負面思考，心理技能也像身體技能一樣，是可經由訓練和學習而提升表現的。一個運動員主觀認知的心理能量、心理運動能力（Psychological ability）的優劣，也被納入選擇優秀運動人才的評估中，因為**一個相信自己能夠獲勝的人，可能比另一位技巧更好但是缺乏自信心的運動員，更有勝算**。但是心理技術的影響到底有多大呢？根據Williams & Krane探討顛峰運動表現的心理特徵議題，大部分的教練和運動員應都認知到成功的運動表現中，至少百分之四十至九十是源於心理因素，技巧水準越高，心理層面就越重要；一些特別強調高「穩定性」及「專注」的競技運動，像是高爾夫、射擊、花式溜冰等，心理技能的影響更佔百分之八十至九十之多。以韌性著稱的網壇名將康諾斯甚至認為：「當運動員的體能、技術已達到最佳狀態時，比賽的勝負有百分之九十五是取決於臨場的心理狀態。」

美國學者Grub在奧林匹克科學大會上發表過一篇論文中指出，對初、中級運動員來講，百分之八十是生物力學因素，百分之二十是心理因素；高級運動員則相反，百分之八十是心理因素，百分之二十是生物力學因素。

所以養成運動習慣，就是訓練自己取得勝利的心理技能，因為一場不論是運動場內還是場外的比賽，最佳表現不僅是展現高超技術而已，輸贏的關鍵在於心理因素，因為**心理是優越運動表現的一把鑰匙，也是幾乎所有比賽競爭中，脫穎而出獲得成功的鑰匙**。

當組訓運動團隊的時候，首要步驟在於選材，因為正確的選材是訓練成功的一半，所以很多球探或教練，除了看運動員的技術，還會偷偷調查出選手的血型，在家中的排行等看起來毫不相干的資料，但是我們自己其實也隱約知道，一個孩子在家中兄弟姊妹的排行，在個性、智力、責任感、自信心、適應力及成就表現上，確實對我們的表現略有影響。因為這些背景會體現在如何面對情感、意志過程和焦慮，也反映個性的需要、動機、信念以及個性心理特徵的能力、氣質和性格之中。

有一個日本企業被告上法庭，因為面試時詢問應徵者的血型，而被判敗訴，我可以理解在法律面前人人平等的原則，但是如果這個企業把自己的員工當成一支球隊，運動員的心理現象彼此聯繫，共同組成運動員心理的整體，某種層面我也可以理解這家公司老闆的心態。

找到一輩子可以進行的運動，除了**讓自己保持活力，讓自己不羞恥於看到自己的身體，更重要的是訓練我們的心理技能**，因為我們很可能不是人生比賽場中實力最強的人，但是我們可以在比賽中當那個心理技能最強，發揮最佳表現的人。

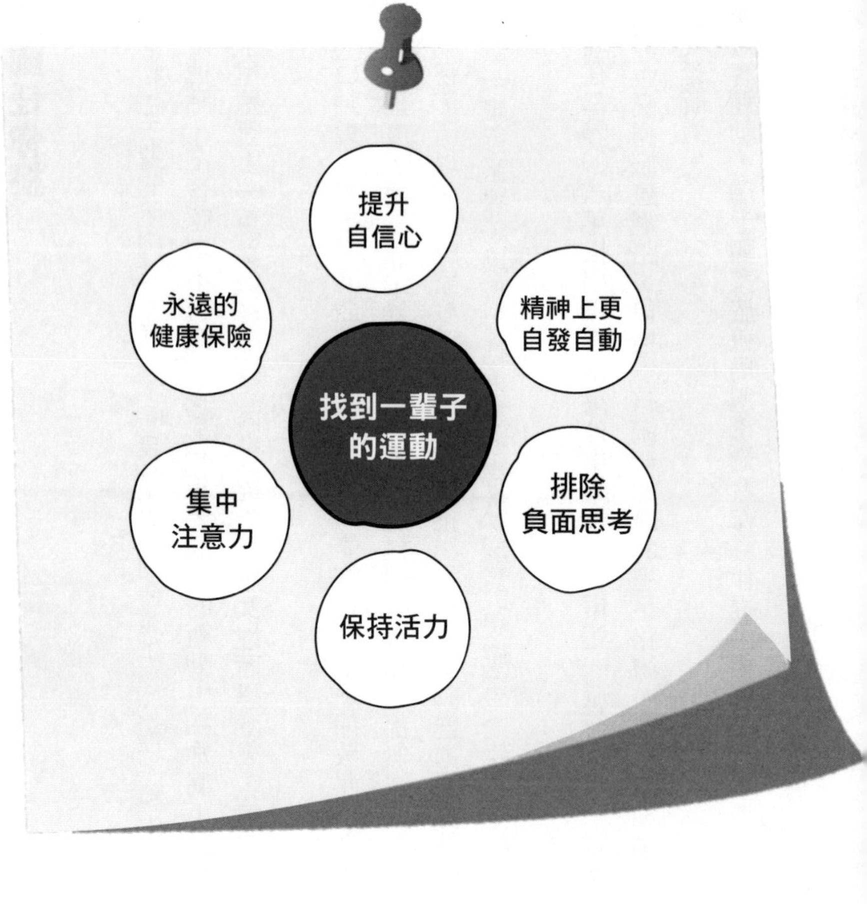
提升
自信心
永遠的
健康保險
精神上更
自發自動
找到一輩子
的運動
集中
注意力
排除
負面思考
保持活力

慢活運動任你挑

「我怕一運動，手臂的肌肉會太強壯！」我時常聽到台灣年輕女性，說出類似這樣的藉口。每次聽到這種話，不管認識不認識，我都有想要插嘴的衝動，「妳啊！距離擔心肌肉太強壯可還有十萬八千里遠哪！」可是每每都擔心會被控告汙蔑女性而忍下來，這些人真的家裡沒鏡子嗎？

除了少數的運動員，大多數的亞洲華人對於耗體能的運動似乎都敬而遠之，所以無論是滑雪或飛行傘這些強調速度，還是登山攀岩這類挑戰體能極限的運動，都無法成為吸引中國人到阿爾卑斯山旅行的號召，所以瑞士國家旅遊局近年嘗試推出「瑞士運動魅力全體驗」活動，號稱是歐洲最長的「慢遊」旅行路線，以吸引越來越多喜歡輕鬆舒緩旅遊（另一種說法：既懶惰體力又差）的中國人。

瑞士旅遊局在二〇〇八年推出總長兩萬公里的輕鬆「慢遊」旅行行程，號稱歐洲最大的國家級輕鬆旅遊和舒緩交通旅遊網路，包括了有統一標識的遠足路線、自行車和山地自行車路線、滾軸溜冰路線和賽艇航道。

為了方便遊客運動，瑞士國家旅遊局還透過合作夥伴提供相關的行李運輸及設備租賃服務，希望每個前往瑞士的遊客，除了買手錶跟吃巧克力外，也能夠像其他大部分的歐美旅客，透過親身參與體驗到運動帶來的快樂。

德國的科學家也花了不少精力在研究適合慢活精神的運動，像是**瑜伽、太極拳、釣魚、打撞球、散步、氣功，都是適合一輩子的所謂「慢活運動」**。

其實有一種很符合慢活精神的運動，可惜在亞洲相當少見，只有日本和韓國有一些，英文叫做Curling，是一種在冰上擲石的活動，有些中文翻譯成「冰壺」，也有翻成「滑石」的。冰壺運動源於十六世紀的蘇格蘭，當時的蘇格蘭人，因為冬天又冷又無聊，所以發明了在結冰的河面上比賽類似射靶活動，不同的是不用箭，而是重重的冰石，參賽者每人拿一支掃把，規則很簡單，每一隊有五位隊員，四名隊員上場，一名候補，比賽在長方形的冰道上進行，一位隊員（skip）站在靶心指揮在另一邊的三位隊員，當其中一人擲出滑石後，另外兩名隊員，則帶著他們的掃把，在不碰到滑石的前提下，利用刷子摩擦冰面，來控制滑石的速度和旋轉度（curl），最後將滑石送進靶心，或是將對方的滑石撞出靶心，每個隊員有兩次擲石的機會，最後一位擲石的隊員就是一直在另一方指揮的（skip），最後以最接近靶心的滑石來計算得分和決定勝負。

外表看起來很可笑，拿著掃把幫一個滑在冰上的圓石開道，好像沒什麼了不起，但是看過幾次就會發現，掃帚清掃端區C～D限制線之間的冰面，以利本方冰壺向前滑行；也可以在對方投擲前清掃B～C限制線之間的冰面，使對方冰壺滑出壘圈，所以可以說是集合撞球的準確跟思考力，象棋盤算戰術的技巧，擲鉛球運動員的平衡感（每個花崗岩冰壺石重達十九公斤）、芭蕾舞演員的優雅、賽跑選手的力量。

擲冰壺運動的比賽場地為長一三八英尺（四二・〇六米），寬十四英尺（四・二七米）的長方形冰面，場內兩端各劃一本壘圈及四條限制線。比賽投擲順序由雙方隊長抽籤決定，然後雙方輪流投擲，每人兩個冰壺全部投完為一局，下一局以前一局勝隊先投。比賽以十局、十二局或以時間限制為終了，最後積分多者為勝。雙方積分相等時，可進行一次決勝局比賽。

聽說最好的冰壺石石材，來自蘇格蘭西海岸外的Ailsa Craig島上的一個花崗岩採石場，而且製造費用也不便宜，因為需要使用鑽石才能將它們磨成上表面和下表面都是凹面的形狀，上下表面的凹度各不相同，目的是控制冰壺石的快慢。冰壺石雖然很重，但是只要拿得動的，無論男女老幼都可以玩，即使是坐在輪椅上的身障人士，也可以參加比賽，如果想要嘗試身邊的朋友都沒有人會的全新運動，不用擔心遭受「啊？你不會喔？」這種嘲諷，擲冰壺可能是全世界最冷僻卻也是最適合東方人的運動了吧？

對了，擲冰壺可是正牌的奧運正式項目喔！因為在冰上，所以連怕熱、不喜歡流汗的藉口都沒有！

第3樣
禮物

結交10個互相了解的朋友

朋友讓我的生命完整，隨便回想我的每一天，
都因為有了各式各樣的朋友，
而變得意義非凡。

有份醫學研究報告指出，同樣是罹患癌症的女性病患，如果身邊有固定聯繫的朋友，數目不用多，有六個左右，一年後的存活率比一個身邊沒有朋友的患者要高出百分之五十。

我既不是一個醫生也不是統計學家，所以無法評斷這份研究的可信度，但是從自己的生命經驗，卻是極度相信朋友對我人生的重要性的，**如果沒有這些一輩子的好朋友，我可能沒有這麼多的勇氣，走在夢想的道路上**。

不過我要聲明，所謂的酒肉朋友，一起賭博包牌幹壞事的，在我的定義裡根本不是朋友。

我也想過，如果哪一天沒錢跟沒朋友，哪個比較慘，我不假思索就可以回答：**沒有朋友比沒有錢還不幸千百倍**。要賺多少錢，才算是一個有成就的人，甚至有錢到底算不算一種成就，我都抱持著很懷疑的態度。但人生能交到幾個一輩子不離不棄的好朋友，絕對是一種成就，因為就像價值不菲的陳釀，要對一串不起眼的葡萄有好眼光，還要有無比的信念，跟耐心，為了完成自私的目的而利用友誼，就像不等熟成就喝掉的葡萄酒，一旦喝掉就沒有了，反觀身邊朋友又好又多的人，肯定是個很不錯的人。

想起好朋友，我也跟著勇敢起來

我看著一張學生時代三個人合照的賀年卡想起這兩個好友，左邊的那個是大學時候一起蹺課去喜馬拉雅山旅行的Mitchel，右邊的女生是韓國僑生阿涼。

雖然我們不同系所，但是那些年總是做什麼好事壞事都在一起，雖然大多數都只是不好不壞的無聊事。因為當時我課餘在電台主持每天晚上兩個小時深夜的現場廣播節目，為了避免他們好玩的時候沒有找我，所以就硬把他們兩個也一起抓來主持，還辦一些莫名其妙的主題，像是「藐小周」，專門歌頌各種渺小而微不足道的事情。有年過年，我們還錄了廣播劇「一碗湯麵」，把俵萬智感人的故事書全盤搬演了一遍，這張相片的耶誕賀卡，應該就是同一年的傑作，專門寄給跟我同樣無聊的聽眾，三個人還穿了同樣的衣服，原本早已經忘記這張賀卡，因為Mitchel在大陸，我在世界趴趴走，阿涼則回首爾接了家裡的事業，當年三個好逸惡勞的年輕人很難得見到面。

但是阿涼的姊姊，不知道從哪裡翻出這張舊照片，翻拍放到facebook上，我先是吃了一驚，確定四下無人，勇敢打開看這張二十年前三個好朋友的合照，三個人雖然面對鏡頭有些尷尬，但確實是很開心的，那種開心，到現在還記得很清楚，比自己當時的面容記得還清楚。

於是我打電話到北京給Mitchel，他說上禮拜剛去首爾看了阿涼。這一聽還得了，當天就訂了機票，也去久違的首爾。

首爾雖好，畢竟是個超過一千萬人的大都市，每天就算來回走上清溪川兩三趟，仍然逃不過兩側車水馬龍，城市人家裡的金魚不養了，就天真地帶來城市中央的清溪川放生，這些可憐的小生命當然只有死路一條，紅豔豔的魚肚朝上漂浮在水面，向著遠方的摩天大樓流去，反而覺得這個城市更加寂寞了。

我突然想去郊外走走，想去真的有河流，河流裡面真的有魚的地方。

不由分說，就拉著阿涼，搭上地下鐵，在清涼里轉中央線，往一個叫做「兩水（양수리）」的小站去。

「我母親的故鄉就在兩水，但是感覺上這麼遠的地方，還是第一次來。」地下鐵鑽出地面，城市被拋在腦後，阿涼邊看著窗外越來越低矮的房舍，若有所感地說。

如果不是手上還握著車票，很難想像短短不到一個鐘頭，竟然就從LED看板林立的明洞鬧區到了時光幾乎靜止的傳統鄉村兩水，這漢江南北兩支流相會的地方。一出車站，覺得時光停留在首爾只有如今五分之一人口的六〇年代，幾間殘破老舊的老宅，還留著舊日港岸風華的證據。

沿著長滿荷花的狹長河岸走了三百公尺，豁然開朗有棵四百年的大櫸樹兀立在面前，樹下還有一個被遺忘的小小土地公廟，由於晝夜的溫差，河面的霧氣濛濛，河上有一艘撐著紅帆的老木船，綁在水中央的枯樹上，雖然知道是用來刻意營造氣氛的，卻沒讓人有不舒服的造作感覺，老木橋的另一頭，是個有機食品的展售店，外表窗明几淨，裡頭一個顧客也沒看到，原本以為沒營業，沒想到自動門打開了，櫃檯後面坐了一個年輕女子，也嚇得跳起來急忙打招呼，我們摸了摸標榜來自這河裡的蓮藕製成的茶包，不想進一步打擾，就匆匆走了。

散步回車站的路上，已經接近黃昏，輕輕推開其中一扇雜貨店的沉重木門，想買個飲料，一盞燈都沒有的店裡頭，飄浮著一股陳舊的霉味，當然也沒有雪櫃，木頭的貨架上，只零零星星擺著一些看起來賣不出去的零食，店裡頭連個人影也沒有，正打算回頭走，店後面的另一扇木門，慢慢地吱嘎推開，露出炕上半臥著一個年紀非常大的老太太，顫巍巍的聲音說：

「歡迎光臨。需要什麼？」

突然被這麼一問，我們幾個都傻眼了，於是亂糟糟地隨便把店裡能看到的東西，不管需不需要，都隨手放進手裡交給老太太算帳，由於動作太大，還揚起了一陣不小的灰塵，跟炕上熱水滾熱的聲音，形成絕配。

「阿婆，有巧克力派嗎？」在首爾大城市長大的阿涼，問眼前的老太太。

「很對不起，我沒有賣。」

「怎麼會呢？」阿涼很惋惜地說，「以前還是小學生的時候，我最期待的，就是放學拿著好不容易攢下來的零用錢，來買一塊又香又軟的巧克力派啊！如果有賣的話，一定生意會很好吧？」

老婆婆比她被褥還要皺的臉，微微牽動了一下，露出沒有牙齒的嘴，笑了一下：

「以前我也賣的……但是漸漸沒有孩子進來，巧克力派放著放著都過期了，所以就沒再賣了。」

雖然不曉得巧克力派對於舊日韓國小學生在物質相對貧乏年代的重要意義，但是我也聽得出那語句當中的蒼涼。寒暄了幾句就告辭了。

一出門，已經到了華燈初上的時間，斜對面不遠處的7-11二十四小時便利店，是整條街上唯一燈火通明的地方，一群背著書包的小學生從裡面跑了出來，每人手上都握著糖果，雖然聽不到聲音，但是似乎正在愉快笑鬧著。

兩條河，兩個時代，在首爾的郊外相遇，卻是如此安靜，我們打開跟老婆婆買的洋芋片，吃了一口，說不上是什麼味道，看了一下保存期限，原來已經過期了一年多，猶豫了一下，手還是伸進包裝袋裡，又拿了一片，又一片，再一片，越嚼越快，彷彿如果不拚命塞進嘴裡，眼淚就會流下來。

或許有一天，我會忘記整治得妖嬌美好的清溪川，但是我想，我永遠不會忘記垂垂老矣的兩水，在首爾的後花園，養著荷花，在炕上燒著熱茶，等著都市裡想家的孩子回來。

或許有一天，我會忘記自己大學時候的長相，或是曾經像公務員那樣主持過好幾年的廣播節目，但是我想，我永遠都不會忘記Mitchel跟阿涼這兩個朋友，他們的生命，在我們離開校園後，就像兩條分流的河水，奔向不同的地方，但是總有一天，我們還會在大海匯聚，我們會像老太太那樣圍在炕邊，一邊喝著麥茶一邊聽著當年的「藐小周」，笑得快要噎到，也許一口氣喘不過來，就這麼帶著笑容死了也說不定。

友誼如水，我不敢相信自己的好運，這輩子能有像Mitchel和阿涼這樣的好友為伴。**每當挫折的時候想起這些好朋友，想到他們都在世界的其他角落那麼認真活著，也就跟著勇敢了起來。**

賽馬的信念和愛爾蘭兄弟

從小因為兄姊都年長許多，既不住在家裡，也玩不在一塊，所以我就特別注重朋友。自然而然，我變成朋友很多也很好的人，因為太喜歡這些朋友了，所以生命中每個階段都留下一輩子的朋友，從幼稚園一路到研究所，每個階段都沒有缺席，到現在都還時常聯繫，小時候不覺得這有什麼稀奇，頂多就是放假可以一起幹壞事，考試可以借筆記，但是**長大以後，才發現這是多麼珍貴美好的生命禮物**。

長大以後，我開始覺得友誼就像騎師與馬的關係，是共生的，你的馬匹不會每次都贏得比賽，甚至一次也不會贏，但是這並不影響你們的命運共同體，沒有人會說：「這匹馬很遜，但是騎師很棒！」

因為朋友就是我們的成就之一。**長久的友誼是種信念，是一種決心，就像婚姻的承諾，能夠正視過去的朋友，就是勇敢正視過去的自己，也是對自己生命的最大敬重。**

愛爾蘭人總稱家族親友群裡不成材壞了一鍋粥的老鼠屎為「爛蘋果」，雖然這樣，爛蘋果卻永遠還是不棄不離的兄弟，即使沒有血緣關係，出了事也會盡全力來幫忙收拾爛攤子，這是為什麼愛爾蘭人被認為很團結，甚至行事好像黑道大哥的作風。我在美國的工作夥伴，正巧是一群愛爾蘭裔的華爾街律師，他們希望我成為他們的夥伴，就問我能不能夠接受這種愛爾蘭精神，有福同享，但就算會被拖累也不怕，我笑了笑，「我最近才在紐約跟我當年的幼稚園老師敘舊，你們說呢？」

於是，我們愛爾蘭兄弟的友誼，就這麼定下來了，如今過了十年，一起經歷了許多高低起伏，但是就憑著一句話，還在一起工作，沒有合約，也從來不開正式會議，我不喜歡去紐約，他們就二話不說，一大早搭火車到波士頓來找我，事情談完了又趕回去跟家人晚餐，這種誠意讓我深受感動。

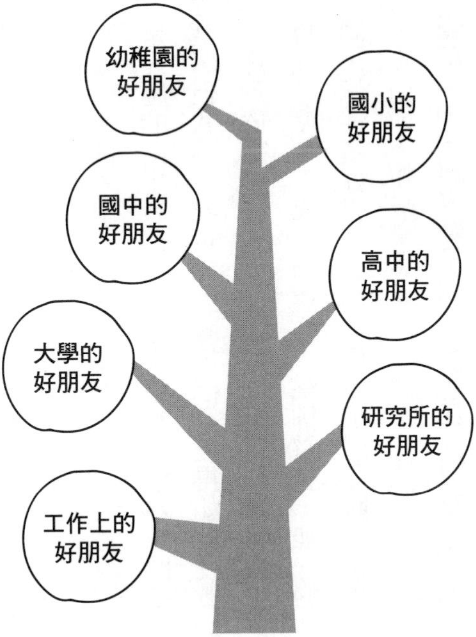

人生能交到幾個互相了解的好朋友，

絕對是一種成就！

網路是改變朋友互動的方式嗎？

但是在這網路社群的時代，朋友的定義似乎也跟著天搖地動，我開始認真思索，到底我朋友的標準在網路世界裡是否仍然成立？

因為我一直居住在母校哈佛大學所在地的波士頓，佔天時地利之便，幾乎自從Facebook臉書上線那年開始，我就是先驅的使用者之一，從來沒有特別拿來跟LinkedIn或Twitter這些社群網站比較臉書受歡迎的程度，但我第一次意識到臉書已經變得如此受歡迎，是二〇〇九年走過曼谷鬧街的某家網咖，假裝不經意放眼望去（實在很難抗拒這種誘惑啊！），發現彼此不認識來自不同國度的五個觀光客，專注地使用著靠著街邊的一整排電腦，唯一的共通點，就是他們都同時在使用臉書，雖然語言不同，個性嗜好也都不同，但都沉浸在臉書世界，經營著自己網路的「家」，此時周遭發生的一切，恐怕都不如臉書真實。

臉書是否不知不覺當中，已經改變了我們跟世界互動的方式？

「臉書究竟擴展了我們的人際網路，還是讓我們忘了現實中的人際關係？」

我腦海中不斷浮現這個問題，因為我認識所有專注於開心農場的人，都已經轉移在灌溉收穫臉書的朋友上了，時時刻刻上癮般貪婪地看著每個人更新的每張照片，上傳的每段影片，猜測著每個短句背後的心情。

但是，**最近一個月內，你跟幾個臉書上的朋友見過面、說過話**？

好友建議名單中，有個跟我有六十五個共同好友的人，但我連他的名字都沒聽過，這樣很尋常嗎？包括那些原本像天邊的星星般遙遠的名人，一旦將他們加入好友清單後，不像開心農場或尼奧寵物，還得天天餵養要澆水要收割要買寶物，臉書世界裡我們什麼都不用做，他們就會在網路的另外一頭，每分鐘不停歇地將他們最寶貴的想法，捧到我的眼前，感覺上就像皇帝面對各國前來朝貢的使節，百無聊賴地看著讓人眼花撩亂、絡繹不絕的奇珍異寶，突然看到眼睛一亮的好東西，只要伸手按一個「讚」，彷彿就是賜予無上的恩惠。

這種讓人上癮的權力，很多時候讓我們忘記，在**現實生活當中，並沒有人分分秒秒急於取悅我們，就算透過臉書，以為是熟得不能再熟的朋友，但我們之於對方，仍然可能是全然的陌生人**，除非去滋養人與人的情感，否則是沒有友誼可言的。我有個向來個性大而化之、五湖四海的朋友就曾經發生過一件糗事，他每天看電視連續劇，覺得對劇中每個人都熟稔到不行，結果有次在機場候機室看到了女主角，一時想不起來這人是誰，但知道一定認識，於是高高興興招手上前去打招呼寒暄，卻惹來一陣白眼，這才突然想起來，這個以為跟自己應該很熟的人，根本就不知道他的存在。

長久對你按讚的人，可能就是十個朋友之一

一個人的腦袋，到底能夠容納多少「朋友」？牛津大學的人類學家Robin Dunbar博士曾針對人的腦容量做過實驗，發現一個人可以掌握的社交圈上限是一五〇個人（其實是一四八人，但是一般都四捨五入以一五〇人來計算），而且這一五〇人包括所有的親人、師長、同學、朋友、鄰居、同事，甚至敵人，這是為什麼很多公司、團體、組織、社團，都很自然地維持在這個大約一百五十人的規模，因為每個人都能夠彼此認識，省卻很多形式化的麻煩，一旦超過這數字以後就要用章程或其他的管理方法來制約，或是面臨分裂的命運。

無獨有偶的，美國哈佛大學的人類學教授Peter Marsden，也歸納出一個類似的結論，就算外表看起來交遊廣闊的美國人，他們真正稱之為朋友，能夠談心的人，也必然屈指可數，我想這是為什麼偌大的紐約裡Sex and the City（慾望城市）四個女人的友情，能夠得到全世界那麼多觀眾的認同，因為現實生活中，只有很幸運的人，才會有三個如此親近知心的朋友。

臉書的辦公室裡也有一個全職的社會學家，他的名字是Cameron Marlow博士，專門研究臉書的使用者的社會行為，讓臉書的商業效應可以極大化，結果他發現，臉書使用者的朋友平均數

字是一二〇人，這跟牛津大學Dunbar博士的研究結果相當吻合（每個人身邊應該都差不多有三十個不會上網或不使用臉書的親友吧？）。有趣的是，女性使用者的朋友普遍比男性多，但無論臉書朋友總數量多寡，真的密集頻繁互動的，每個使用者都只有一個大約七個人的小圈子，在對方的照片上貼標籤，回應留言，女性稍微多一點，但也不過就十個人，至於會固定透過私密留言或聊天功能互動的人數，男性平均只有四個，女性則是六個人，所以Twitter追求成千上萬的followers，其實是沒有太大意義的，因為追根究柢，我們在這個世界上，並不會有超過一百五十個真正的朋友，也不會對超過十個人的生命產生意義，所以推什麼推呢？

根據澳洲心理學會（Australian Psychological Society）發出一八三四份有效問卷的調查結果，就算溝通的媒介變了，網路科技無論是在質或是量上，並沒有改變人的社交行為，在這個調查中，有百分之七十一的臉書使用者說他們每天都會登入臉書，也有百分之五十一的使用者每天登入好幾次，三十歲以下的使用者臉書上平均有二六三個朋友，三十歲到五十歲的使用者有二〇六個朋友，五十歲以上的則平均有九十二個朋友。

當然，也有其他人類學者像Russell Bernard 跟Peter Killworth，認為人類的社交上限不止一百五十人的，但是最高的估計，也沒有超過三百人，所以如果看到一般美國學生的臉書，動輒都超過千人，不用急著羨慕，他們每天平均也只會回應七到十個人的留言，這樣想起來，下次看到每次無論在臉書上貼了什麼，長久如一都會按讚或回應的，很有可能你是這個人生命當中最重要的十個人之一卻不自覺。

曾經有個母親跟我說她對於和女兒之間的互動覺得有些憂心，因為兩人在家裡明明就只隔著一層牆壁，但是女兒卻寧可在網上留言，也不會找母親當面聊天，於是我都拿如何在沒有網路的緬甸鄉間農場重建臉書社群的效應為例子，證明其實什麼都沒有變，因為習慣網路社群互動模式的我，到了沒有網路的農場，自然會反過來想，對於這些農場的工人，如何才能夠在現實裡像是在臉書上傳一個短片後，得到回應？後來我發現，當我們開農夫學校上課的時候，農場的工人慢慢主動逐漸聚攏，在旁邊觀看我們上課，每個人就相當於按了一個「讚」，至於不知不覺開始參與意見，自由自在地發表他們的看法，就相當於留下一個「回應」，重點是互動的品質，至於形式，就只是形式罷了。

從二〇〇九年底開始，英國每五對離婚案件，至少有一件就跟臉書有直接關係，但是不是沒有臉書，就不會離婚呢？表面上好像是如此，但是實際上，臉書只是讓外遇的證據比較容易產生，並不會因此阻止外遇發生，這只是簡單的邏輯罷了，責怪臉書或社群網站，那簡直是頭腦不清。

終有一天，目前看起來勢如破竹的臉書，也終會像MySpace、Friendster那樣，被其他的工具所取代，到時候可能是透過網路，可能是手機，也可能是其他目前無法想像的平台，但是無論如何，我知道生命中最珍貴的，永遠還會是那七個人。

我的狐朋狗友經濟學

話說最近我們一桌十來個老朋友一起約了吃飯，有科技新貴、金融高手、主修物理出身的政治系教授，也有竹科光榮退役的家庭主婦，這外表看起來像是扶輪社的組合，本質上比扶輪社更奇妙，我們是幼稚園同班同學，桌上還擺著我們當年的黑白畢業照片。

更可貴的是，這並非一生一次的難得聚會，而是日常的飯局。我們常常見面。

每當這種場合，我的內心就會像乳酪遇熱般化成一團，變成一個多愁善感的歐吉桑，因為我知道自己在人情上，是個非常豐富而幸福的人，生命中隨手拈來，有來自不同人生階段，在人生這個珠玉之網裡被值得交陪一輩子的朋友團團圍繞，說自己幸運毫不為過。

聚餐到尾聲，其中一位同學指著餐廳角落，我們才注意到當我們整夜分享笑聲與食物的同時，有個我也認識的媒體名人，從頭到尾一個人在角落默默吃著一個人的大餐，那一剎那，我突然為他覺得很難過。

我生命中朋友向來很真誠也很多，所以不大明白朋友少的人，總在熱鬧場合一個人吃飯的感覺。雖然我也有好朋友是這樣的，喜歡一個人吃飯，一個人看電影，朋友少的人當然有朋友少的原因，有的是主動選擇的結果，有些是被動的情勢，原因不需要去探究也不在乎，只怪我缺乏受苦的靈魂，所以比較難以進入那樣深邃的內心世界也說不定。

在我的想法裡，朋友的交往是一種如編織般縝密的工藝，朋友越多，就能織出一張較大色彩較斑斕絢麗的絲毯，但**真正的情分，靠的不是編織技術，而是化學變化**。

我是這麼相信的，也因此不著急，抱著讓友情「在欉紅」的心情，不會用禮物或恩惠來催熟，也不會用套袋來獨佔美好的果實，**在工作上，不會隨便把認識的人理所當然就當朋友來看，但也能歡歡喜喜等著是否有好的化學變化**，就算這過程中果實被風雨打落，充滿水傷或疤痕，不怎麼意外也不在意，畢竟世界那麼大，我不是生來能跟每個人交上朋友的。

關於友誼這件事，我自己有一套歪理。

學過經濟的人都清楚，要判定市場範疇，就要知道哪些相關產品應該要計算進去，只有相關產品，才有彼此替代性，比如說當石油價格飆漲時，公車、捷運、油電混合車、摩托車與高鐵，就是私家車的替代品，而且石油價格越高，替代性就越強；反過來，當石油價格大幅下跌時，私家車顯得便宜，就會成為大眾運輸工具的替代品。

就像每個銷售員職涯當中都偶爾會遇到奧客，每個編輯都會遇到難搞的作者，每個員工會遇到刻薄的老闆，這些少數的奧客，往往花了我們最多的時間跟精力，從經濟學上來說，就是耗費大量的資源，讓成本增加，如果成本高到不符合所得的時候，業務員就會寧可不做這筆生意，編輯就會放棄出這個作家的書，員工就會辭職另謀高就，我們會跟某個朋友疏離或反目，往往也就是因為他們耗費我們太多時間精力，因為跟這人當朋友的成本太高，所以我們決定放棄。

如何讓自己變成「稀土」，隨時成為「好咖」

很殘酷的現實是，朋友絕對是有替代性的產品，只是替代性高低的問題而已。

就像市場上的任何商品，替代品會隨著產品價格的波動，呈現出不同的替代性。經濟學上說的「替代性」，指的是如果商品的同類使用功能基本雷同，那麼其他的生產者可以替代你的產品搶佔市場，像是作為主食的飯跟麵之間，替代性就很高。一種物品如果可替代性高，那麼它的價值自然不會很高。

朋友少的人，一旦失去一個朋友，就很難再找到另一個朋友來替代空缺，因為這朋友就像「稀土（rare earth）」一樣，難以取代，所以會非常在意這種朋友的細微變化，跟自己互動時的一言一行，如果只有一個好朋友的人，那個人便必須扮演著相當於情人的角色，友誼也會容易變成一種令人窒息的愛。

至於朋友多的人，自然就不會執著於每個朋友點點滴滴中跟自己不相同的地方，而只注意到彼此交集的部分，像臉書上有三、四千個朋友的人，不可能一一去關注每個朋友今天說了什麼，又做了什麼，只會在跟朋友彼此共同覺得有興趣的幾件事上作回應，這種「共性」其實就是替代性的另一種說法。

情人或家人，是最理想的朋友，因為可替代性很低，共性很高。但一旦成本無限制上漲，也終有形同陌路的一天。

經濟學之所以能夠存在發展，就是因為資源是有限的，而經濟學最終就是要把有限的資源進行有效的分配，滿足人類無止境的要求。

要交朋友，從經濟學上來看無非只有兩個原則，一是降低成本，一是增強不可替代性。

跟某個人交朋友的成本很低，就是所謂的「好咖」，隨時都很開心，溝通很容易，就像剛生孩子的媽媽，因為隨時要把稚齡的孩子帶在身邊，就會變成朋友心目中成本高的朋友，最後往往只能跟其他也有幼齡孩子的女性朋友交往。當成本小於零的時候，這個人身邊就會充滿狐群狗黨，因為跟這人當朋友，有很多「好處」。想成為別人心目中成本很低的朋友，最簡單的就是每次吃飯都買單，朋友失業立刻幫忙找工作，見面時都雙手奉上伴手禮，隨時可以借錢不還。當然，這很明顯只是隱形成本轉嫁到自己身上罷了，不是真的低成本。

另一個方法，就是增強自己在朋友心目中的不可替代性，讓自己變成「稀土」般難以取代，所以無論價格多高，都會有人願意購買，但是我們之中，很少人能夠（或想要）成為別人心目中不計代價想要擁有的朋友。

主要原因是，對個人而言，擁有某種不可替代性是非常重要的。但對一個公司來說，如果員工相互間是不可替代的，老闆就很容易被員工要脅，站在老闆的立場來看，就會希望多用些成員之間可以相互替代的員工，這樣才能自由而有效地進行人力資源配置，減少組織的營運成本，提高運作效率。同樣的，作家害怕遇到站在跟自己敵對立場的自負編輯，顧客上網購買不二價商品，有一部分也是避免面對殺氣騰騰的業務員，沒有站在同一個方向，就看不到同樣的風景，站在同一邊將心比心，是交朋友的第一步。

當我們發現某個朋友在我們生命中的不可取代性太高時，如果這人不是我們的家人或伴侶，那麼我們就會在失去這個朋友前，選擇先主動遠離這個朋友，寧可多交一些替代性高的朋友，免得最後變成那個被員工予取予求的老闆。

我們究竟是朋友心目中隨叫隨到的「好咖」，還是千金難換的「稀土」？如果看重一個朋友，想在對方的生命中成為一個有份量的人，就該從增強自己的不可替代性開始，因為硬拗的是沒有用的啦！

這頓飯最後，我想了一想，決定起身開開心心去跟媒體名人打招呼，他也開開心心過來跟大家聊聊天，雖然算不上朋友，但今天我們站在同一邊，扮演的都是低成本的「好咖」。

把人情當籌碼來經營的人，經濟學要好，頭腦要清楚，否則「難交陪」的人就會像售價超高的爛商品，在人生的貨架上蒙塵。

就像好吃的芒果，最甜美的友誼，也要經過風吹日曬「在欉紅」。我衷心感謝，那些在我人生四季不同時期，自然成熟的友誼。

什麼時候，在好友的保存名單上消失了？

在緬甸北部臘戌市區街上的一位醫生，這位六十歲的老醫生已經在同一家私人診所看了三十年的病，基本上整個臘戌地區，幾乎沒有人不曾給這位叫做Sai Mauk Kham的擺夷族醫生看過病，街坊老一輩的人也都還記得，醫生年輕時曾無緣無故被抓去坐牢，釋放後也不能自由行動，無論去哪裡都得跟警政機關報備，他也因此過著與世無爭的生活，除了每天看看病，就喜歡打打高爾夫球，不問世事，臘戌一帶的人，都喜歡這位醫術高明的醫生，每天門口都大排長龍，從沒病只

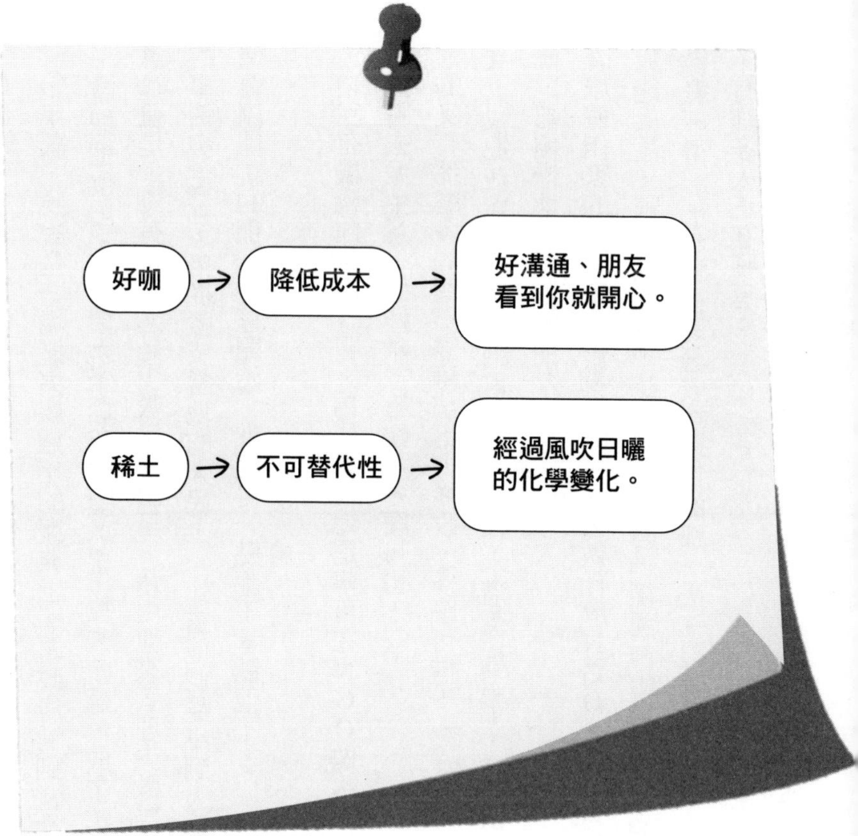
好咖
降低成本
好溝通、朋友
看到你就開心。
稀土
不可替代性
經過風吹日曬
的化學變化。

是想打劑營養針安心的老人家，到被毒蛇咬傷腿腫得像氣球的樵夫，都想見他一面。

結果二〇一〇年底，聽說是一場擺夷族過年的慶典上，軍政府看到當地百姓都這麼喜歡他，於是不由分說，就把這位出了這鎮上沒人認識的老醫生拉去參選，成了第一位「民選」的副總統。政府的如意算盤是，沒有背景又是少數民族出身，藉由他來管理少數民族，應該再好不過！

但是有趣的事情發生了，自從臘戍當地的人民，一知道他們從小到大敬重的擺夷族醫生，無緣無故變成了傀儡副總統的那一秒鐘開始，就變得一點都不喜歡他了。

這件事情，讓我有機會向自己說明，為什麼我總是寧可在NGO做第一線的工作者。

「不用你的人脈去做生意，好好賺一筆錢，多麼可惜！」

「你念政治的又有那麼多的國際經驗卻不去從政，多麼可惜！」

就連有一次，我把在義大利騎腳踏車時輪圈卡在水溝蓋撞歪了，帶回台灣修理時，幫修摺疊式腳踏車的師傅，都惋惜地對著我的朋友說：

「他不頂著旅遊作家的招牌去主持電視節目，去做什麼NGO，多麼可惜！」

但是我都只能笑笑，很多人這輩子總覺得自己有一條通向山巔的路在等著自己，奮鬥的過程中每天都覺得鬱鬱不得志，永遠在等著成功攻頂的那一天，但是我知道，在緬甸北方山區一個叫做臘戍的市鎮，有許多人正在嘆息：

「我們的醫生放棄三十年的診所，還受這麼多人敬重，卻去當什麼副總統，真的好可惜！」

好醫生之所以讓人喜歡，是因為醫術高明，而不是因為他會治國。我在NGO的領域有這麼多好友，則是因為我具備能夠真心欣賞他們的能力，而不是因為我自己多麼棒；我之所以能夠一直寫作，也是因為有能夠一直欣賞我的讀者，而不是我真的寫得很讚。如果看不清楚現實，那才叫可惜。

我有一個熱中投資的小學同班同學，聽說最近轉手賣了一筆土地就賺了四千萬，知道這個消息後，一位朋友問我，難道不羨慕嗎？何不趁機向他募款，讓手上幾個因為經費拮据而停擺的NGO計畫，能夠繼續下去？我只是搖搖頭：

「我們從小就是好朋友，我相信他是個好人，心裡也真的想要做些對世界有幫助的事，但是我也知道他的個性，越多財富，只會讓他更加憂慮不安，想要更多，當他以前沒有四千萬的時候，他認為有了四千萬，就有能力可以做幫助別人的事，但是現在的他，恐怕覺得沒有掙四億，就沒有能力可以掏出錢來幫助世界，最可悲的是，他或許這輩子會有越來越多的錢，但也會越來越不相信自己有行善的能力。」

這才是可惜。

我決定好好地欣賞山路上的風景，**慢慢地走我喜歡的路，沒有路的時候，就來回多走幾次，**

直到足跡深到足以讓下一個人也能看到一條清楚的路徑為止，**正因為我沒有趕路要去哪裡，所以天天都有好友同行**。幫助世界變得更好的能力，是主觀的，而不是客觀的，我親眼看到許多最優秀的長期志工，客觀經濟條件不如人，可是卻從來沒有懷疑過自己具備幫助這個世界的能力，相較之下越富有的人，卻越容易說出：「等我以後有能力，就會做善事！」這種永不兌現、讓我在旁邊聽了都忍不住臉紅的大話。

Sai Mauk Kham醫生，每天在Yuli Kha診所前面排隊等著看病的人，就是他每天改變世界的機會，但是貴為副總統的Sai Mauk Kham，卻只能孤單地坐在城牆高築的宮殿裡，日復一日享受這份無窮無盡的一人份大餐，這樣想想，這兩種人生，哪個才是真正的可惜？

至於友誼是不是到了盡頭，是不是每個人都要像愛爾蘭人那樣，無條件地力挺身邊的「爛蘋果」，其實沒有一定的標準，交一個真心的老朋友年紀越大越難，但是人成年後的境遇要改變卻很容易，從小父母都說交朋友要謹慎，長大了才知道要跟老朋友絕交更要謹慎，因為老朋友就像絕版公仔，少了一個就永遠不成套。

一張幼稚園的畢業照

這張照片，是我幼稚園的畢業照。

我們之中，如今有些人成了大老闆，也有些人進了監牢。

有些人很早就結婚生子，也有將近一半，從來沒有辦過婚禮。

我們之中，有些人住在半個地球以外，二十年沒回故鄉，卻也有些直到如今都不曾離開過生長的地方。

我們之中有二十多個，今年還攜家帶眷出席了同學會，在Facebook上保持聯絡，也有些人音訊杳然，生死不明。

有些人成為在社會心目中很有成就的達官顯要，心裡卻非常不快樂。

也有些人則是自己和家人心目中的成功者，不須管外人怎麼看待。

幼稚園畢業照片(左上2排第8個爲作者褚士瑩)

一整個大好人生攤放在眼前，當時卻不知道，只關心胸前的手帕是否端正，紅花有沒有別好而忐忑不安。

當時我不知道，原來對我生命中非常重要的好幾個人，都已經出現在這張相片裡面了。

沒有人預知，十多年後我們的幼稚園會廢校，變成高爾夫球場的接待處。就像我也沒料到三十年後，我還能跟照片最中間端莊優雅的高老師重溫兒時舊夢，她拄著拐杖，步履蹣跚出現在紐約的日本節夏日祭，比我想像中矮了好大一截，但她的笑容還是那麼溫暖，還穿著當年最愛的白色喇叭褲，我也永遠還是她的學生。

那一天，我們坐在鳳凰木下，頭頂有蟬的叫聲，預告著盛暑的到來，沒有人告訴我們，原來**這個世界最需要擔心的，既不是能源危機也不是關於世界末日的預言，不是戰爭也不是全球氣候變遷，而是失去夢想的能力**。

就像當時的我們，不知道世界上最偉大的志願，原來並不是成為登陸月球的太空人或是富可敵國的企業家，不是當上第一個女總統也不是成為超級巨星，最偉大的志願，是成為一個真正仁慈、勇敢的人。

畢業照外面的，是未來的我，但照片裡的那個人，卻聽不見我的呼喊：

「別為了注視天上遙遠的星光，卻踩壞了腳下的玫瑰花朵！」

只要跟著夢想的道路走，仁慈與勇敢就是最高的文憑，看似如峭壁迷霧般的崎嶇未來，其實大多是一片平坦，看似錯綜複雜的人生道路選擇，其實最後都通向同樣的目標，所以請好好享受沿途風景，放心向前。

揮揮手，跟過去的自己告別：「我們待會見！」

朋友意見不同或吵架的時候怎麼辦？

交朋友說得簡單，但是難免會有意見相左的時候，到底這個朋友還能不能交下去，常常是技術性的大問題。

首先，我會退一步，從第三者的角度來看，我們是價值觀不同，牴觸人生態度的大原則，或者只是方法跟想法不同？

如果是後者，我就覺得問題不大，因為兩個人就像一條河的兩條支流，我們面對自己常常都會有自相矛盾或左右為難的時候，更何況是兩個獨立的生命？不同的想法，反而是觀念激盪的基礎，因為只有真的朋友會誠實將自己的意見，毫無保留地說出來，就算明知道會惹來生氣也無所謂，說得偉大一些，朋友像是我們良心的試金石。

交朋友其實就像行銷，商品就是我們自己，我們有沒有辦法為自己量身訂做出合適的行銷活動？如果我們簡便行事，資源導向，就只會吸引想從我們身上得到一些便利或是好處的人，像是當年好心借給我筆記的同學，在學校時關係挺好的，但一旦兩人不在同一個班，友誼的基礎就消失了，到現在連名字我都記不得。出了社會，還是有人會藉著跑趴、辦宴會來結交朋友，但是交這種新朋友，就像花錢辦盛大的新產品發表會，頂多就是拿些免費的試用品，沒有強烈的生命經驗連結，就算雙方都是很不錯的好人，也很難淬煉出真正的友情。

我常常比喻自己是冷門商品，拆開來各項的賣相都不怎麼好，只能整體打包，透過非一般性的活動，有創意但是低調的行銷策略，用針對性很強的小眾行銷來找顧客。低調是因為我的本質是個害羞的人，自己搭一個台子在廟口徵友固然有創意，但是跟我的本性相距太遠，所以只好努力向創意行銷靠攏。

比如說，我會去參加讀書會，會去報名自然步道的行程，去做我真心喜歡的事，自然就會比較容易遇到潛在客戶，但是不能像有些直銷商或保險業務員，為了拉下線或找客戶而去參加志工團體，我相信太商業化，或是心術不正，都不可能交到真正的朋友，朋友有點像螢火蟲，對於環境的好壞是很敏感的。

我並不排斥業務員，實際上我對好的保險業務員抱有很大的敬意，因為他們能夠像維繫老朋友那樣，勤快地走訪老客戶，只有合適的產品才會推薦給合適的客人，而不是只要有新產品就拚命去向每個人推銷，這樣的推銷並不讓客戶反感，我發現自己有時候就會扮演這個推銷員的角色，因為有時發生天災人禍，我很希望能夠助一臂之力，但是自己的能力卻太微薄的時候，我也會出面募款，募款其實就跟傳統銷售沒什麼兩樣，消費者對於產品要有信心，售後服務也要做好，其實交朋友也就是要把自己變成有終身保固的好產品，賣給我們喜歡的人。友情就像長久的合作關係，總是要付出些溝通的成本，沒有兩個人或兩間公司是天生就很契合的，如果忽略了溝通的重要性，或懶得下功夫，交朋友這件事情就會不斷消耗我們的時間跟精力，但是卻只能交到關係膚淺的朋友。

我們會對於朋友生氣，時常是因為我們不能接受對方真心的答案，覺得對方「答錯了」，沒答出你心中的標準答案，沒在對的時候猜中我們的需要。

交朋友就像畫一棵樹，一定是知道樹整體的樣子，才能去畫葉子，如果先畫葉子再畫樹，一定會沒有整體感，就好比不知道衣服長什麼樣子，裁縫要怎麼單獨作袖子？交朋友也該有設計圖，如果一開始明明說好要好好畫的，到了最後卻突然急就章草草了事，落差稍微大了些，心理也會受到一些衝擊，這就是反過來朋友會對我們失望的主要原因。

如果雙方都盡力畫了這棵樹，但結果仍然不像樣，只能說兩個生命邏輯上找不到交集，超過可以合作的範圍，只要不是信任或是背叛的問題，兩個人還是可以當朋友，雖然不可能太深交，但是也沒有關係，通常時間會彌補這個友誼的缺陷，回顧身邊的老朋友，就會發現身邊最老的朋友，可能不是當年交情最好的，對方卻是跟我們聯絡最勤快的。當時好得連下課都要一起上廁所，卻因為沒有聯絡，漸行漸遠友情也就淡了，所以「勤能補拙」這道理也適用於交朋友，如果一個你很想一輩子交陪的朋友，並不特別看重你們的交情，並不需要失望，只要願意當那個常常主動聯絡的一方，就像經過足夠的時間發酵，廉價的葡萄酒也有可能成為佳釀。

有時候，朋友之間無論再好，也有無法溝通的時候，如果是很重要的事，真正的朋友會用真正的強勢來撼動對方，真正的強勢是來自對專業的自信，就好像一個強勢的編輯對一個缺乏信心的作者說：「你信我這一次，你只要願意嘗試一定可以做到！」

專業編輯用他的職涯押注在作者身上，作者也用他的寫作生涯押注，雙方有著同樣的風險，一起冒險，從企畫開始到成書，一直都在同一邊，這樣的旅程無論成敗，都變得可以共同承擔，這就是好朋友。

至於壞朋友，就像編輯一拿到作家的稿子覺得有問題，就突然變成在作者敵對的一方，站在出版社的立場，事不干己的態度跟作家劃清界線，原本是朋友，卻一下變敵人，這對作家是很不公平的。

就像編輯跟作者是生命共同體，兩個朋友之間也是生命共同體，不可以有須臾時刻生出敵人的心態，邏輯不同沒有關係，價值觀不同也沒關係，偶爾搞砸了一件事也沒關係，活著總要學習跟不夠認同自己的人相處，我身邊也不乏對凡事抱著高度質疑的人，但我覺得這也很好，可以讓

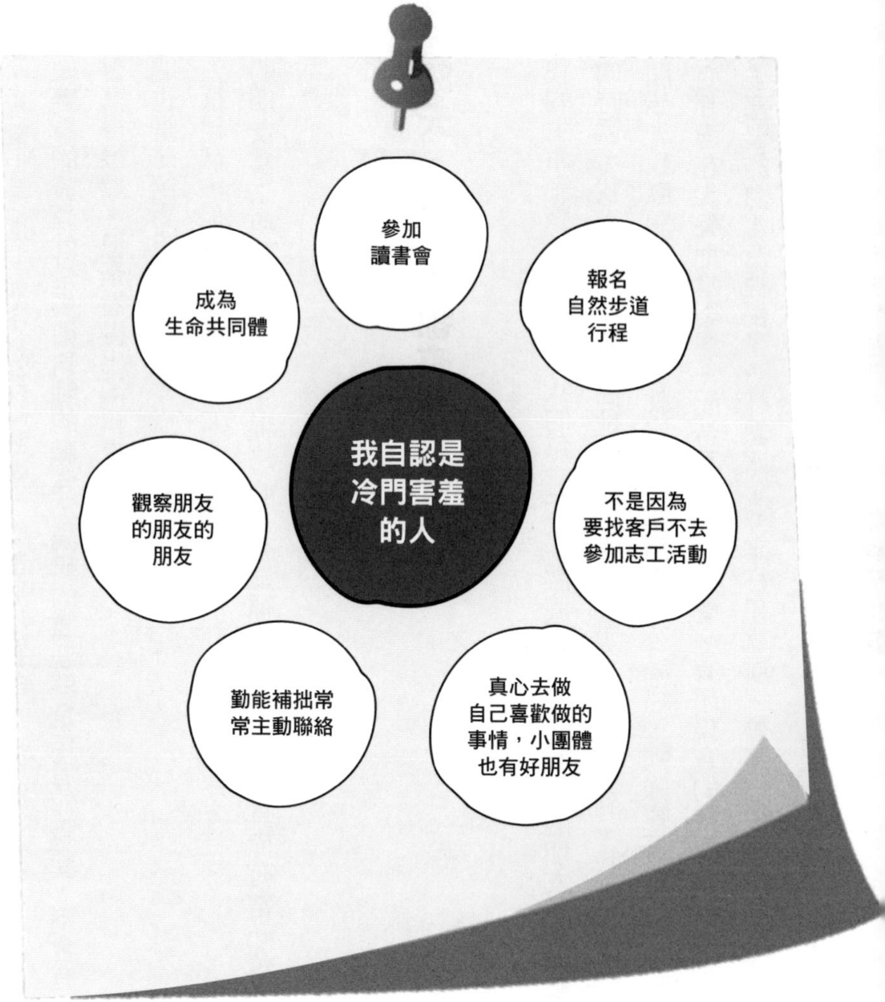
參加
讀書會
報名
自然步道
行程
成為
生命共同體
我自認是
冷門害羞
的人
觀察朋友
的朋友的
朋友
不是因為
要找客戶不去
參加志工活動
勤能補拙常
常主動聯絡
真心去做
自己喜歡做的
事情，小團體
也有好朋友

我保持警惕，提醒自己朋友並不是無論我做什麼都要挺我的，必須要靠我一直做對的事情來證明。但是就像賽馬的職涯就是馬術騎師的職涯，編輯的職涯就是作者的職涯，不會有人說：

「這本書寫得很爛，但是看得出編輯很好！」

朋友之間也是，絕對沒有人會說：

「這個人很糟糕，但是他身邊的朋友都很棒！」

跟我們的朋友當生命共同體，是一種決心。有這種決心的人，就具備有當一輩子好朋友的潛質。

今天明天，每一天都有新舊好朋友

朋友讓我的生命完整。隨便回想我的每一天，都因為有了各式各樣的朋友，而變得意義非凡。

寫這章的時候，我人在緬甸北部高地的農場工作，早上五點鐘不到，我就決定起床。

從昨天開始，我臥房後面的寺廟就沒有停止用大聲公誦經，勉強睡著以後，半夜醒來幾次，每次聽到和尚都還在大聲地唸著經，配合著窗外的雨聲，有超現實的感覺，起來也好，今天可忙了，我從竹子塞緊的熱水瓶裡倒了一杯熱水，沖了杯黑咖啡，看了一會晨間新聞，就穿上擺夷族寬褲出門去街口轉角的麵舖。

我不是為了吃早餐去麵舖的，實際上，麵舖還在燒下面的水鍋，正在準備開店，老闆遠遠看到我就迎上來，他病了兩個月，顯得有些憔悴，但是精神不錯。

老闆叫李貴和，但是大家都叫他老六，因為他們家九個兄弟姊妹幾乎都經營飲食店，老大就在同一條街的另一端開了飯館，老五在台北的台電大樓後面開了一家我們從學生時代就常光顧的餐館，叫做巫雲。

華裔的老六跟擺夷族的妻子，兩老準備接受醫生建議，辦理探親簽證到台灣去接受第二次心導管手術，第一次是在瓦城做的，醫生後來移民了德國，每次老醫生從德國回仰光探親的時候，就會通知老六到仰光去檢查，結果發現需要第二次手術，但是緬甸的技術不可靠。

為了要到台灣就醫，從來沒有出過國的老六，要先想辦法拿到緬甸護照，然後去泰國的台灣辦事處接受面談，面談通過了才能到台灣，這中間有許多手續是他無法理解的，之前本來有個住在台灣的哥哥，說會到緬甸來陪他們辦手續，但又取消了，到了曼谷以後，他說朋友介紹一家員工都是緬甸人的旅館可住，但是一出了曼谷機場，從來沒看過那麼現代化都市的老夫婦，難保不被人騙，還有簽證面談的手續，究竟需要哪些文件，萬一離開緬北老家才發現少了一樣，是無論如何也補不上的，那該怎麼辦？

我勸了老六好幾次，讓我帶他一起去曼谷，住在我曼谷的家，陪他去台灣辦事處面談，甚至一起到台灣，把他親手交給他在台灣的家人，否則真不放心，之前老六都婉拒，但今天終於接受了，讓我非常開心。

「既然是可以做到的事，為什麼不做呢？」我說，同時將一疊特別為他女兒留下來的日文期刊給她，這獨生女大學主修日文，平常除了看店也當家教，但是畢竟沒有新的訊息，希望這些雜誌報紙能夠讓她保持對日文的興趣，老六有個妹妹嫁到日本，逢年過節還會帶著年幼的孩子回緬北探親，這日本孩子過年時我見過，除了日文外中文緬文都不會說，但是一個月之後，已經會說些緬語了。

老六一定要我吃碗麵再走，他記得我吃什麼：牛扒嘘拌乾麵，我吃完了他果然堅持不收錢，推辭了一番我就回去了。

六點鐘我回到房間，正準備出門，有人敲門，我以為是約好去農場的司機，結果是老六，他捧著一大包黑黑的東西，靦腆地交給我：

「這是今年的春茶，我去台灣送客人的話，也要帶這個！」

我謝了老六一番收下，他才心滿意足地回去。這包春茶，等我回台北，要到台北後火車站太原路那裡，選些好看的玻璃罐子，分裝給曾經到過農場，受過老六熱情款待的志工朋友們，讓大家都可以嚐到一點他美好的心意。

車到了農場經理住家的村落，老卡車後面已經幾乎坐滿了要準備到農場上班的農人，大家都提著便當盒，乾乾淨淨的，我向大家打了招呼，進屋子裡去接經理一塊出門，他今天心情很好，在農場六年，他決定也在村子裡買地，自己蓋房子，從此變成在地人，蓋房子的錢是剛從俄羅斯留學回來的兒子，還有剛收到調職令回故鄉的醫生女兒合出的，從此一家又要團圓，讓七十多歲的老先生看來神采奕奕。

從村子一路到農場，要經過好幾道我們自己開的路跟鋪的橋，「今天真吉祥，難得沒下雨！」雨季的陣雨又大又急，一下子就會把路沖毀，每年我們都要重鋪一兩回才行，所以我理解他說吉祥，的確不誇張，一旦下大雨，就連牽引機都上不了山！

趕著大早，趁大家開工之前，要先上樸門的農夫學校討論課，今天的主題是zone II第二區的小型農場動物，因為之前養雞，吸引很多蛇，尤其是眼鏡蛇，同時很多幼苗也被雞群折損，我們討論了鴨跟鵝對於耕耘農作的可能好處，以及可能的傷害，無論如何，我們希望能夠達到百分之百食物自給的目標。

現在，知道我們所有的肥料都來自竹炭，我很開心，同時也討論了用覆土還有提煉完精油剩下的檸檬香茅覆蓋雜草取代除草的可能性，但是是否雨季會變成白蟻的家，乾季又會引發野火，都是困難的決定，我們決定先在菜園的一部分實驗小塊區域，一個月之後再根據觀察來進行討論。

然後我要下瓦城，趕搭四點四十五分的飛機到仰光，沿路一直留意路況，因為如果志工單車團幾個月後成行，一定要先安排好才行，如果轎眉沒有可以提供外國人合法住宿的地方，或許第一天我們應該只騎四十五英里到第波，第二天辛苦一點，一路到美渺。

司機中途稍微停一下，把輪胎胎壓增加到33PSI，因為我們要下山，回程上山之前，他還會停在同樣的地方，將胎壓釋放一些。等待的時候，我跟頭頂著巨大竹籃的帕落族女人買了一些切成長條的青芒果，上面撒著鹽和辣椒粉，每次我只要看到，都忍不住會買一些，她們整天在路上兜售，確實也很辛苦。

十一點的時候，司機決定吃午飯，我吃了一些野菜跟雞肉末，老闆娘不斷推銷乾果，最後我買了一些酸角豆做成的糖片，自從我十年前第一次在瓦城的綠象餐廳飯後吃到這個美味之後，我就喜歡上了酸角豆，我們農舍旁邊有一株很大的酸角豆，農人下班回家前，都會採一些嫩芽回家煮湯，我因為個子比較高，可以幫他們把枝枒拉低到可以採摘的地步，我則會留兩三個酸角豆莢，作為路上的零食。

沿著滇緬公路一路而下，我看到一些讓我會心一笑的畫面，兩個騎著白色腳踏車努力上坡的年輕和尚，紅色的袈裟在風中襯著雨期森林嫩綠的背景，非常好看，我們不時要躲過年輕還不會避車的小水牛，紅土路旁有些前晚豪雨積成的泥塘，聰明的水牛已經愉快地在裡面打滾，路中間不時會冒出幾隻從穀倉偷了玉米跑出來享用大餐的迷你豬，還看到兩個騎著粉紅色淑女車的年輕阿兵哥，有說有笑，步槍像一把青蔥那樣隨意斜放在車子前面的菜籃裡，我和司機相視而笑。

其實司機先生前一陣子到仰光去動了場眼睛大手術，一眼換了人工水晶體，在醫院復元的期間，因為在遙遠的大城市裡沒有親友，素昧平生只幫我打過電話給這司機幾次的旅行社業務小姐，竟然二話不說，阿莎力地肩負起每天去醫院探病的工作，還因為住院費用昂貴，動完手術後接他去附近免費的寺廟暫住，直到醫生說可以回家了，我才從旅行社小姐手上接過司機，一路陪著他回到緬北的老家，一路上伺候他吃藥，點眼藥水，直到平安將他交到家人手上為止。

我在異鄉緬甸的一天，就這樣細細長長地延伸下去，每個細節都有糾纏的人情世故，彷彿這裡也是我的家，有另外一群我非常關心他們，他們也非常關心我的人，**朋友讓我的每一天更加有情，無論在世界的哪一個角落，都有充分的理由更加努力生活**，生命裡有真心的各式新朋友老朋友，讓我每天都覺得像站在世界頂端那般戒慎恐懼，又得意洋洋。

第4樣禮物

改變美中不足的能力

我們跨越文化與時間的界線，
不但對於未來有著美好的想像，
也學習如何將過去的美麗身影，
自由而嚴謹地放進未來的藍圖中。

你老了，只剩電視遙控器陪伴？

沒有人年輕的時候，夢想自己老後的生活是終日坐在電視機前面，拿著遙控器反反覆覆channel surfing（頻道衝浪），雖然這個名稱聽起來很有動感，實際上卻沒有任何浪漫之處，但為什麼我們之中，會有那麼多人縱容自己老後只剩下深夜在電視前打瞌睡的生活？

有一個很關鍵的原因——**這樣的人，生命當中顯然沒有比電視更美、更有趣、更值得欣賞的事物**。

有人認為歌劇很無聊，並不是因為我們不懂義大利文，世界上大多數聽歌劇的人也都不懂義大利語，癥結在於我們不知道怎麼聆聽，就算用中文演唱也沒什麼區別，上海推出Mamma Mia!音樂劇時，認為票房不佳是因為語言障礙，因此決定改成中文版本，捲土重來，有些對話還加入當地上海話，希望能夠增加親切感，實際上生活美學的真正問題不在語言，在於那些將一張票跟一百斤小青菜的價格做比較的習慣。

古典音樂讓人昏昏欲睡，因為缺乏演奏經驗，不熟悉每種樂器發出的聲音，所以聽不出技巧的高明，或是樂器經過組合後的繁複巧妙，也不知道音樂的結構，說穿了就是根本不知道自己在聽什麼，還不如聽卡車的引擎聲比較來勁。

偶爾附庸風雅，也去美術館和博物館跟著排隊看名家展覽，但看來看去，只看懂裸女的雕塑，卻又不好意思承認。

「我們可不可以不要每次都看這種海報上有一棵椰子樹或兩根樹枝的電影？」我也曾經不止一次，看到約會中的男伴在戲院前面指著海報上的藝術電影獎項，跟女友耍賴求饒。

說到這些，一定會有些人跳出來說台灣的布袋戲，三太子也很有趣，為什麼要欣賞外國人的藝術才叫做有品味？當然不是的，但捫心自問，這些表演的深度，對我們的生命帶來多少美的感動？我們是否每次聽到布袋戲音樂，都會興起彷彿朝聖的心情，感覺被音符簇擁進入美學的殿堂？西方不是沒有傀儡戲，但是用在孩子的生日宴會或村莊的慶典上，不會用來取代精緻美學。

美和道德這對孿生子，並不是與生俱來的本能，而是經由培育形成的，**對美具備欣賞能力的人，也會對自己的生命有更高的標準，成為具備更多美好生命特質的人。**

年輕的時候，全身的每個細胞都充滿敏銳的感受性，如果這時不去認識藝術的美，上了年紀以後才從頭學習，只能從一些規則跟技巧上面來理解，好像看股票走勢的態度，來從事藝術投資的人也不少，理性或許能幫助我們分辨作品真假，預測拍賣價格的高低，卻無法讓我們被美所感動。

或許是一張CD，或許是一場現場表演，也可能是雜誌上的一張圖畫，每天總有時刻讓我們在藝術面前覺得渺小，被感動，會流淚，這樣的人生，自然而然就和只會接收聲光刺激的動物有所區隔，並且充滿風格，無論到了什麼生命階段，什麼年齡，每天都有充滿驚奇的畫面跟美好的聲音，不需要任何特別的事件來尋找刺激，也都有「活著真好」的深刻感受。

直接的聲光刺激，才是人生最大的無聊。將「無聊！」動不動掛在嘴上，其實直接暴露出自己缺乏欣賞美的能力，甚至缺乏基本生活美學的修養，其實是很羞恥的事。

要知道，如果到二十歲還沒有學會聽古典音樂、看歌劇、欣賞藝術品的人，到了四十歲是聽不懂也看不懂的，老了以後只能一個人看電視、硬纏著人聊天扯淡，頂多打打麻將，別的就沒有了，這是很殘酷的現實。

藝術的口味享用一生

很多人以為藝術修養是天生的，但我卻堅信藝術修養需要在藝術欣賞和才藝學習中逐漸培養起來，任何一個人都不例外。

可是一旦擁有了對藝術的品味和胃口，跟懂得吃一樣，就能夠享用一生。

盡量抱著開放的態度，像接觸各種美食，或嘗試各種運動那樣，允許自己去接觸各種藝術形式，參加豐富的藝術活動，是培養藝術修養的重要手段。音樂、舞蹈、美術，是鍛鍊藝術修養最

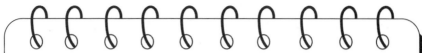

未來你想過這樣的生活？

對什麼事都感到無聊的話

只養成追求名牌的習慣

打麻將或看電視

手握電視遙控器的人生

主要的三種形式，而在這三種藝術形式當中，音樂最簡單也最直接，因為所有人只要耳朵聽得到聲音，生來便具有音樂潛能，可以說人人都或多或少具有音樂欣賞的習慣和能力。

透過音樂可以培養優異的審美功能，還有助於提高形象思維能力。實際上，音樂教育和智力開發有著密不可分的聯繫，我所認識在音樂中成長的人，不管未來有沒有從事跟音樂相關的職業，都沒有愚笨或是令人討厭的，因為孩子可以藉著本能去敏銳地感受理解音樂的特徵，並隨著節拍和旋律的變化讓想像力自由地飛翔。這種本能如果不去開發，很不幸就像嬰兒離開母體後逐漸消失的免疫力，不知不覺就會失去。

藝術修養並不像數學、自然、語文是一門具體的知識，所以也不是學幾樣樂器，通過檢定考試就能速成，一個人必須隨時置身於良好的音樂氛圍中，在潛移默化中受到薰陶。有些學者說，在家裡播放背景音樂是最好的方式，豐富對音樂的感受，背景音樂如海浪，每個人都是一座小島，讓浪花輕輕拍打在耳畔，不知不覺中，磨去生命中尖銳的稜角，成人的世界有時不免會擊碎美好的想法，剩一地尖銳的碎玻璃，這時候，音樂的海浪就可以慢慢地磨蝕碎片，終有一天，發現醜惡危險的碎玻璃，都化成美麗圓潤的透明珠玉。

幼教當中，通常會先以「聲音」為創意發想，學習「聆聽」，感受周遭聲音的不同，接著以「音樂」為學習主軸，激發對音樂的興趣，進一步帶出聲音與色彩多重感官的學習，成年人其實也可以透過這樣的順序，有意識地訓練自己欣賞美的能力。

美感不足，可以培養

台灣有一個強調美育的私人幼兒教育機構，標榜從美學出發，完成自然生態、生活美語、創作想像、數學邏輯的學習方案，先認識各種情緒與表達，來培養互相了解、感謝、誠實、分享與尊重等能力。接著從視覺、聽覺、觸摸、韻律中體會生活中的美學，比如以肢體與美學連結的主題，從「生活美學」中讓孩子認識自己的身體各部位，愛自己的身體，欣賞自己的身體，學會讓自己的身體放鬆，進一步學會運用自己的身體。延伸到「自然生態」中觀察不同動物運用四肢跑動的能力；「生活美語」和幼兒一起學習肢體運動的美語說法；在「創意繪本」則要幼兒注意關心身邊朋友的遭遇。從這樣的課程也可以很清楚看到，學習美的欣賞能力，不是「文化美容」，用孔雀羽毛來裝飾平凡的自己，而是讓自己活出應有的潛力，成為一個自己喜歡的人，一個跟自然和好的人。

這就是美感。

如果除了欣賞，還能夠藝術創作，那就更好了。因為創作的過程就是一種自我療癒的過程，能夠緩和思緒，了解自我，自我解決自身問題，所以「藝術治療」這個名詞，才會越來越受到重視，有些科學園區的科技公司，近年為了培育大部分是科學背景的員工，花費不少功夫在提升美學涵養，經常辦理美學相關講座、古典音樂賞析，公司內部設立美術館、辦畫展，為的就是希望藉著強化美學敏感度，來「補救」從小欠缺培養的美感。因為台灣的工程師及設計師時常面臨美感不足的窘境，影響產品設計（尤其在細節）的完美性，而欣賞藝術也能夠達到減壓的直接效果。

廣達的董事長林百里就曾經說：「東西不美，即使功能厲害，我也不要！」藝術和科學共同的基礎是創造力，產品設計的美醜，會影響使用者的態度，這是為什麼台灣鄉下很容易看到很醜但是很實用的鐵皮屋，但如果出現在南法的普羅旺斯或是阿爾卑斯山脈，卻是完全不可想像的景觀破壞。台灣田野間，也都會看到很多裸露的大哥大基地台，但是在平均所得遠遠落後台灣的墨西哥，卻願意花三到四倍的價格，高明地將基地台偽裝成一株栩栩如生的椰子樹，甚至在四周種幾棵真正的椰子樹，讓路人分辨不出真假。只要實用和合算，包括台灣人在內的華人常常認為就算不美也沒有關係，「反正美又不能拿來吃！」但是沒想到我們就是自己的加害者兼受害者。

何況，整天最大的樂趣就是吃，跟豬圈雞欄裡動物生活的區別也未免太小了吧！

一些有長遠眼光的企業，近年來花費不少心力補足員工失去的美感，給員工耳濡目染的環境，畢竟是亡羊補牢，趁還來得及的時候開始培養。

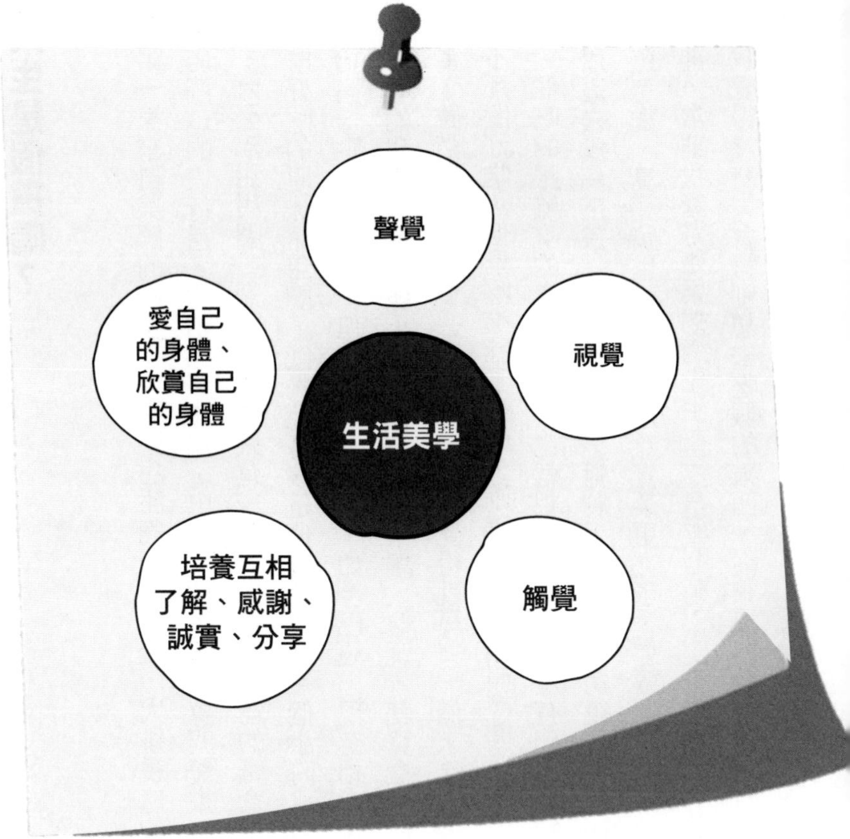
聲覺
愛自己
的身體、
欣賞自己
的身體
視覺
生活美學
培養互相
了解、感謝、
誠實、分享
觸覺

你的人生是假貨嗎？

自從曼谷第一家來自美國的Krispy Kreme甜甜圈開幕以後，大排長龍的隊伍幾個月來從來沒有斷過，於是店門口的人行道，開始因應潮流，出現一種小販，專門賣來源不明，不知道是真的還是假的Krispy Kreme甜甜圈，一開始幾周只有一個人捧著個半空的紙盒子在賣，裡面只有兩三個看起來不怎麼好吃的原味甜甜圈，感覺上應該是他真花了好幾個小時排隊買了一人限量一盒，然後站在路邊抬高一點價錢賣的，但隨著時間過去，如今已經出現有相當規模的攤販，在馬路對面設點，各種口味的甜甜圈堆得像小山一樣高，不禁讓人懷疑，就算盒子是真的，裡頭恐怕不會是Krispy Kreme，雖然我本人不會去買來吃，但總覺得就算買一個來吃，後果也應該不至於太嚴重，頂多就是不那麼好吃，但是吃進肚子裡的，確確實實是個甜甜圈沒錯。

對我來說，好吃的跟難吃的食物，頂多也就相差一兩分，沒有什麼真的、假的。但是卻有很多人願意千里迢迢去找「正宗」的「本舖」，對於太陽餅、牛角麵包、珍珠奶茶這些東西，尤其執著，甚至鱔魚意麵、臭豆腐也不放過，炒盤青菜更玄了，還要指定非哪一棵大樹下不可，這種實事求是的精神，常讓我覺得如果胡適先生在天有靈的話，一定也會含笑九泉吧！

基本上，我覺得沒有人會特別想去吃假的東西，從來沒有聽說過，有誰特地遠從千里去買仿冒的藥、假的鈣片維他命丸來吃，或是伸著懶腰陶醉地說：「人家突然好想吃一勺假的珍珠粉喔！」「啊！今天好想吃紙板碎屑做成的餃子喔！如果配一瓶雜牌的可樂，不知有多棒！」奇怪的是，有種人，吃東西都講究不只要吃真的，還要最好最鮮的，但是用東西卻眼也不眨用假貨，這點我真的無法理解。

這些人卻很容易去買假的東西來用，盜版的軟體跟非法下載的音樂，我勉強還可以理解，畢竟一旦轉成數位訊號的東西，真的假的使用起來沒有什麼區別，有的是道德上的瑕疵，但要我用每天會慢十分鐘的假錶，放久了會發臭的仿名牌包，或是冒牌的洗衣粉，隨便用用就會壞的山寨iPhone手機，或是穿一件畫滿了斗大LV商標的假T恤在街上走，真的做不到啊！

話又說回來，我明白仿冒高級品，對賣的人有經濟上的利益，但是對買的人究竟有什麼好處，我真是不明白，買仿冒名牌包的人，肯定不會因此覺得自己是昂貴的Gucci，反而走到哪裡都覺得自己就像手上挽的包包一樣，是個禁不起細看的贗品，怕人看穿化妝背後是張醜陋的臉，怕人知道包包跟腦袋裡面裝的都淨是些不值錢的垃圾，反而讓自尊心更低了，好像隨時提醒著自己：「我的人生就跟這假貨沒兩樣！」

何苦這樣懲罰自己呢？

還有很多東西實在沒有作假的必要，尤其是餐廳桌上的假花，或是假的盆栽植物，飯店中庭的假棕櫚樹，都讓我顏面抽搐，完全無法釋懷，這些東西，真的不是常常比假的還便宜嗎？很不幸的，如果應邀到學校去演講，講台上常常都會放著一大盆精心設計的塑膠花，正對著麥克風，每次只要有這盆花瞪著我，我就完全心神不寧，前言不對後語，一整場下來都不知道自己說了什麼，因為這麼醜的東西，實在是一點都無法不盯著看啊！

曼谷我喜歡的一家義大利餐廳Amaci，菜色普通，但是我一去再去，主要的原因，是每天每桌都會有一朵新鮮的花，拳頭般大的粉紫色大理花，用翠綠的芭蕉葉捲起來，插在淺淺的玻璃方杯裡，端上什麼都變好吃了。

夜宿飯店的時候，如果浴室裡面，洗手台上的小花器，插著一朵真正的鮮花——一朵就足夠了，也會讓我一整個晚上都覺得很開心，就算是一朵不祥的白菊花（這是確實發生過的事），也強過牆角一大盆塑膠火鶴花！

「可是真的會枯掉……」我不止一次聽到這種反駁的論點。

會枯掉，不正是重點嗎？真的花，是真實的生命，所以會綻放，會凋零，會枯萎，這種生命的體驗多麼美好，假的東西怎麼能夠取代呢？不敢養孩子，卻遠從台灣帶著熊貓玩偶到泰國五星級resort每天抱著吃早餐；不敢養寵物，卻鄭重其事抱著泰迪熊到曼谷五星級SPA按摩（兩件也都是真人真事），那才真正的可悲啊！我常常用這段我喜歡的短詩來提醒自己：

“The risk of love is loss, and the price of loss is grief

——But the pain of grief

Is only a shadow
When compared with the pain
Of never risking love.”

愛的風險是失去，失去的風險是悲傷——
然而悲傷所帶來的痛苦，
跟從未冒險去愛
所帶來的痛苦相較，
只不過是幻影。

當然，也不是所有假的東西都不好，在墨西哥，曾經很驚喜地看到原本很醜的手機信號塔，被假扮成高高的椰子樹，讓我不禁會心一笑。這樣的假樹，每一棵的成本將近要一百萬台幣，比起普通的鐵塔來說，是三到四倍的價格，但是墨西哥的電信業者願意做這樣非實用必要的投資，甚至在假椰子樹四周種一些真的椰子樹，墨西哥電信大王會如此成功，甚至名列全球首富之最，並不是靠著剝削消費者就可以得來的。

英國科學家甚至發明了一種專門吸收二氧化碳的假樹，預計在未來十到二十年之內「種」十萬棵在二氧化碳濃度特別高的地方，希望用過濾的方式可以大量吸收二氧化碳，把捕捉到的二氧化碳存取起來，送到北海已經空的廢棄油井裡儲放，減低氣候變遷的影響，這種已經快要可以量產的人工樹，大小跟貨櫃差不多，但可以吸收的二氧化碳，是真樹的好幾千倍。

為了要減低全球暖化的效應，有兩種主流的想法，一批科學家主張想辦法讓陽光在到達地球之前就先反射到別的地方，最簡單的就是屋頂塗上可以反射陽光的特殊漆，另外一批則主張想辦法將二氧化碳有效地吸收儲存，這兩派一共衍生了好幾百種減碳的方法，雖然對於什麼樣的方法最有效，科學家各有主張，但有一點共識，那就是無論哪種減碳的方法，本身都必須是低耗能的才行，否則大量消耗能源來節能，就像主張用玉米來製作綠色能源那樣，兩相抵銷後實在看不出白忙一場的好處在哪裡啊！最近甚至還有另一個很有趣的瘋狂節能點子，是在建築物的外牆裝透明的箱子，利用裡面的藻類進行光合作用，強力吸收二氧化碳，建築就可以因此活起來。

對不起，職業病又犯，忍不住扯遠了！

總之，無論是為了美化很醜的信號塔也好，吸收二氧化碳也好，這些假的東西都是為了要做到大自然達不到的功能，但是鄉下阿桑喜歡在電視上面放一盆緞帶做成的超俗大紅玫瑰花（葉子上面還有假水珠的那種），難道也是主婦用來強力吸收家中灰塵的傳統智慧嗎？

真假的論戰，最後還要回到我跟NGO前輩的一次聊天，當時我對某些贊助人有些顧慮，不知道他們的動機是真心的還是假的表面功夫，我這前輩聽了哈哈大笑：

「行善哪有什麼真的假的，你若有辦法說服他，讓他能假一輩子不放棄，不就是真的嗎？」

的確，也有些時候，假得夠長久，也就會變真的。

最後一個良心小建議，如果連基因改造的玉米都不願意吃的人，千萬別虐待自己，花錢去有塑膠的黃金葛纏在窗台上的咖啡館啊！連插在水裡隨便都會活的黃金葛都懶得養的老闆，能用心煮出一杯像樣的咖啡嗎？

黑咖啡就是不能少一滴檸檬

在我工作的緬甸山區，最近可以住宿的城市裡，有一間坐落在四合院裡叫做Easily的小咖啡館，一如往常坐在露天大院的小板凳上，我點了一杯黑咖啡。

在緬甸能夠喝到一杯不是三合一的咖啡，算是炎熱而苦悶的生活當中，一點小小的幸福，緬甸生產的Robusta咖啡，先天不良加上後天失調，只能混進便宜的植物性奶精跟白砂糖，在全國各地路邊的小店裡，將用柴燒成一鍋水色泛黃，半熱不熱的水沖泡，最好在味蕾能覺察到味道之前一飲而盡，否則就難以再下嚥，然後大口喝杯桌上老式菜瓜布當濾嘴的鋁製溫水瓶裡面的免費熱茶，避免舌頭上附著一層黏黏的玉米製奶精粉，所以Easily這樣少數的店，能夠提供新鮮咖啡沖泡的黑咖啡，雖然仍然是廉價的Robusta味道，但已經足以消解每天喝杯黑咖啡的癮。

過了兩分鐘，老闆從廚房裡出來，面帶抱歉地說：「今天沒有黑咖啡。」

「啊！」我吃驚的反應顯然有些過度，但是期待了一天，卻要空手而回，這真是太難接受了，因為整個山城，沒別的地方能喝得到黑咖啡了。

「要不然喝加牛奶的咖啡吧？」

這家咖啡店，牛奶是相當出名的，即使不喝咖啡或茶的客人，也不乏有人專程來喝一杯上面浮著一層奶皮的濃濃鮮奶，畢竟如今的緬甸就像過去的台灣早期酪農業，在沒有專業訓練，低溫保存設備的農村，真正的牛奶是奢侈品，所以咖啡加牛奶並不是壞主意，只是我真的很想喝黑咖啡。

我們就這樣靜靜對峙著，只聽到公雞踩在庭院上啄食小蚱蜢的腳步聲，還有微風吹過竹葉的窸窸窣窣。

同行的緬甸在地友人，頭腦顯然比我清楚，開口問老闆：

「加牛奶的咖啡，用的是三合一咖啡嗎？」

「不是。」老闆搖搖頭。

「所以是新鮮的咖啡豆。」

「是的。」

「那你可以不加牛奶嗎？」

「可以。」

「既然有加牛奶的咖啡，怎麼會沒有黑咖啡呢？」

「因為我們今天沒辦法賣黑咖啡。」

「怎麼可能呢？」這下換我這當地的朋友光火了。

「還是不行，因為今天檸檬用完了。」

一聽完，我們面面相覷大笑起來，這麼一說我才想到，在緬甸所謂的黑咖啡，很多人是要擠進一顆青檸檬汁的，再加上好幾勺砂糖，於是一杯咖啡變得又酸又苦又甜，好像緬甸生活的真味。

「那來兩杯牛奶咖啡，不加牛奶，這樣可以嗎？」我朋友說。

老闆這才滿意地點點頭走回廚房，端上兩杯我期待一整天的黑咖啡。

下次回來的時候，是不是該多帶幾包星巴克的VIA即溶包，義式深焙口味的那種，自己燒水泡來喝？可是如果真的這麼做，每天早晚一杯的黑咖啡或許好喝了，卻又好像少了一點點什麼。

生活風情，這是我得自己好好想清楚的問題。

我心目中的瀟灑男人

最近GQ雜誌的編輯為了一個特刊，問了我幾個關於男人怎麼樣才算瀟灑的問題，很少想這種問題的我，不得不搔頭皮找尋深藏在我那隨時可能會爆發阿茲海默症的腦子深處的答案，結果自己答完也覺得滿有趣，所以決定在這裡公布一下答案……

1.我們理解的瀟灑男人不一定是成功人士，不一定坐擁億萬與豪宅名車，而是行事上、態度上的瀟灑，而你認爲的瀟灑男人應該是什麼模樣，或說具備哪些條件？請爲我們定義。

A：瀟灑的男人在各種場合都怡然自得，無論是戴著漁夫帽拿著釣竿，還是西裝筆挺握著簡報筆，戴著網帽在棒球場的VIP看台吶喊，或是圍著圍裙在自家的廚房用前夜剩下的薯條做西班牙烘蛋，都顯得優游自在，好像生來就應該做這些事，而不是只有在一個由職稱跟權力堆砌出來的職場舞台上，才能發光發熱。

不管在什麼地方，一個真正瀟灑的男人，總會因為翩翩的行為舉止，還有自在合度的風格，讓人先注意到他的存在，然後才因為好奇，進一步了解他的專業，最後才是他的頭銜，通常在酒會的紅地毯上，能夠讓男人和女人都感到興趣，雖然穿著正式的服裝，手上握著香檳酒杯，卻像在自己家裡穿著睡袍、拿著一杯熱巧克力同樣舒適，這種令人想要接近的男人，就是一個生命有著豐富層次的瀟灑男人。

2.你做過最瀟灑的事是什麼？請爲我們舉幾個例子。

A：我到目前為止的生命中，**最瀟灑的決定就是停止跟別人比較，全心全意做自己**。比如說辭掉在美國科技業薪資優渥的高級管理職位，投入一直嚮往的國際NGO領域，雖然十年以來，我看到自己的收入，只有十年前的三分之一不到，但是卻覺得現在的自己能夠跟品格、世界觀、道德觀都屬一流的人共事、學習，擁有比許多人生命三倍的幸福，也學會如何看待這縮水三分之二的收入——這就是用來購買快樂的代價。有多少人能夠拍著胸脯，理直氣壯地說自己買到生命的快樂與幸福呢？

另外，每年至少花十個星期的時間在世界各地航海，在我看來，航海的時光是一個旅行者能夠給自己生命最大的獎賞。因為這樣，每天都覺得自己是一個中了生命彩券特獎的幸運兒，當然我不是一個完美的人，或許在別人的眼裡，過著不必要的操勞生活，但因為不需要跟人比較長短高下，我深刻體會到，在競爭的遊戲裡，不玩的人最大！

3.若是以瀟灑爲起點，請你爲GQ男人開堂課，你會訂什麼題目呢？或者建議開什麼樣的課

程？你最想上的課程又是什麼？

A：如果針對的是華人，我想最需要的一堂課，應該是「國際社交場合的優游自在術」。許多在亞洲的專業及社交場合上，平時顯得風度翩翩、自信滿滿的男人，一到國際舞台上，突然不能插科打諢，不能講黃色笑話，沒有小姐作陪，也沒有卡拉OK可唱，甚至沒座位可坐，沒有自助餐可吃，這時突然就變得格格不入，我覺得每個男人都應該從許多方面來理解這個問題，如何穿著，如何應對進退，顯得不亢不卑，如何多使用肢體表達，彌補亞洲人保守僵硬的刻板印象，又該如何巧妙運用話題，恰如其分使用不屬於自己的語言，跟對方平起平坐，如果能夠在國際舞台上，看到更多舉止自信、談吐合宜的華人，我也會覺得與有榮焉。

至於我最想上的課，大概是「黑手入門」吧！從汽車引擎修理、水電管線、砌磚頭、蓋房子、打獵、攪拌水泥、耕田、綁鷹架、鑄模、採礦、煉油、放牧，每種都學習一些扎實的功夫，對於看待這個世界其他男人的生活方式，有更多深度的了解，應該能幫助像我這樣的中產階級男人，建立一個更全面的世界觀。

最後是我心中五個瀟灑的男人名單。

A：1穆罕默德．尤努斯（Muhammad Yunus）：為窮人辦銀行獲成功的諾貝爾和平獎得主。來自孟加拉的穆罕默德．尤努斯博士從一九七六年起就開始嘗試針對窮人的小額貸款，一九八三年孟加拉政府國會表決特許成立號稱窮人銀行的格萊珉銀行（Grameen Bank），從社會底層推動經濟和社會發展的努力，證明持久的和平，只有在大量的人口找到擺脫貧困的方法後才會成為可能，讓社會的低層從找到經濟力開始，發展推動民主和民權。

2安藤百福（Momofuku Ando）：被尊稱為「速食麵之父」的日籍台灣人安藤百福在二次世界大戰後，因為日本食品嚴重不足，在自家後院建起了一個十平方米的小研究室，找來了一台舊製麵機、一個直徑一米的炒鍋、一袋十八公斤的麵粉，跟一些食用油，開始研發只要加入熱水立刻就能食用的速食麵，發明了世界上第一包速食麵，也挽救了很多原本可能因糧荒而犧牲的生命。半個世紀後的今天，速食麵儼然成為全亞洲人跨種族、文化、宗教的共同「食」語言。

3&4巴菲特（Warren Buffett）和比爾・蓋茲（Bill Gates）：股神巴菲特和微軟公司（Microsoft）創辦人蓋茲兩人聯手發起「贈予誓言」運動，勸使數百名美國億萬富豪在生前或身故後捐出多數財產給慈善事業，並發表說明函，以公開陳述心意，甚至親自遊說，讓美國「富比世」（Forbes）排行榜上四百名美國億萬富翁中有40名億萬富豪承諾捐出至少半數財產。擁有足以改變世界的財富，不足以讓富翁成為偉大的人，但能夠將財富轉化成改變世界的力量，卻不是小氣量的男人能夠做到的事。

5泰勒・布魯厄（Tyler Brûlé）：加拿大人Tyler是專業記者出身，在英國ＢＢＣ受訓與工作，卻在一九九六年創刊《Wallpaper》雜誌，這本圍繞著家居衍生的品味，對現代設計業具有權威話語權的雜誌，展現一種全球性的生活方式，二〇〇六年又創立《MONOCLE》這本備受全球元首抬愛的全球政經時尚城市雜誌，在全球六十個國家發行達十五萬份，數量雖不算特別多，但覆蓋面大，讀者群優質而集中，從日本外交部的辦公室到倫敦的美術館裡都看得到，除了延伸泰勒・布魯厄一貫對美好事物跟特色創意的熱情，還有極具份量的政治與經濟評論，甚至政要與總統的專訪，在面向世界時，懷抱人文胸懷，難怪即使台灣官方的觀光形象委託案，也要交給他的設計團隊。

吃到飽跟羅馬婆婆的慢食廚房

這麼說可能會讓很多人生氣也說不定，但羅馬對我來說，只是在義大利旅行的轉運點，另一個觀光客充斥的繁忙大城市，並沒有特別讓我久留的力量，所以多半會住在火車站旁邊的旅館，睡飽了隔天就走。

然而羅馬並不是全然沒有值得我流連的地方，在羅馬的晚上，我多半會到安靜的住宅區，一個幾乎沒有招牌的阿婆廚房報到。

這家小館子，是老婆婆經營一輩子的，狹小的客廳擺不到十張小桌子，沒有菜單，但是從座無虛席來看，似乎沒有人介意，反正付了二十歐元，剩下的就交給阿婆了。

阿婆每天早上到菜市場，看到什麼好就買什麼，有手工做的麵包配自家製的義大利香腸，一碗湯，一道主菜，通常是小羊肉或燉牛肉，然後是一道當天手擀的義大利麵，最後是一盅甜品，沒有什麼花稍的裝飾，杯盤也都像自家用的那樣樸素，每道菜份量不大，每做好一道菜，大家就吃一道，一面吃的同時，阿婆就開始做下一道，所以每兩道菜中間等待的時間有時也挺長的，但是羅馬在地的客人卻甘之如飴，聊聊天，喝喝紅酒，三個小時下來，竟也像上劇院看了場節目般身心滿足。

這樣上館子的經驗，對於來自都市的我，自然是新奇的，我所習慣的晚飯，總是有過多的食物，過多的排場，過多的調味，直到剛開始接觸阿婆的廚房，從頭開始學習慢食，竟然有些貧乏的感覺。但是大呼小叫的羅馬阿婆，似乎有種魔力，只要我在羅馬，到了晚飯時間，面臨千百種選擇，我最後還是會來到阿婆的廚房，心甘情願來等半個小時吃那麼一小盤菜。

我知道，義大利的慢食，一點一點讓我從內在發生了改變。

最近，朋友曾經帶我到台北一家號稱頂級海鮮的自助火鍋餐廳，我除了對每個顧客迅速將上百種像小山一樣高的大量食材，混雜堆疊在一起，轉換成杯盤狼藉的能力瞠目結舌之外，也訝異地看到餐廳有專門給一個人來吃飯的顧客的區域，每個座位都面對著牆壁，牆上嵌著一個小電視螢幕，進場後每個人限制兩個小時，大家努力地快速消耗食物，專心而貪婪，沉默地吃著吮著，每個人的臉上都被螢幕的反光打成藍紫色，手指不時撥弄著電視遙控器，感覺像是超現實電影才會出現的場景，突然之間，我懷念起羅馬阿婆的廚房。

同樣是相當二十歐元的價格，究竟哪個比較划算？或者，哪個才算是真正的吃飯？

很多人對於義大利食物的喜歡，著重在食物的作法，或是食物的味道本身，但是進出阿婆的廚房久了以後，我慢慢意識到，我真正喜歡的，是義大利人對於飲食的態度。義大利人不見得只有在吃義大利菜時才有這樣的態度，到了世界任何角落的任何一個菜市場，他們的義大利母親就跟著他們進了廚房，**義大利母親教導食桌上如何不大吃大喝，而是把吃當成一件美好生活的功課**。

沉睡的小島、絕無僅有的生活美感

走遍世界那麼多地方後，我決定這個地球上，最慢活的地方，恐怕非沉睡的加勒比海小島國Turks & Caicos莫屬。

曾經加勒比海上的每個小島，都和Grand Turk島很類似，Cockburn Town雖然從一七六六年來就稱之為首都，但只要一不小心，就會走過頭，中央政府辦公室看起來比較像郵局，門口沒有森嚴的警衛，卻有兩隻雄赳赳氣昂昂的大公雞，帶著小雞若無其事地走來走去覓食，當開曼群島、巴哈馬群島等，努力追求美國式的生活方式，大型的百貨公司、連鎖超市，以免稅天堂向富人招手，年輕人搖下車窗，戴著墨鏡，改裝的重低音喇叭播送震耳欲聾的雷鬼音樂招搖過市時，Grand Turk的低調與安靜，保留著一個世紀以前的加勒比海風情，是件多麼明智的抉擇。

三百多年前開始，這裡就是海鹽的重鎮，也因為如此，百慕達製鹽公司（Bermudan Salt Rakers）以此為基地，英國式的殖民建築風也在此定調，雖然鹽田已經荒廢，但還是被完整保留下來，成為野生水鳥的重要棲地，所有人車進出，都要經過鹽田中間的狹窄田埂，原本運載海鹽的牛、馬、驢子等牲口，如今已失去經濟功能，但路邊還是可以隨意看到牠們的蹤跡，乳牛一面低頭吃草，白鷺鷥則隨侍在側，形成Grand Turk寫意的日常風景。

不知不覺，半天的時間我就走遍了六哩長，一哩寬的島，沿著如藍寶石般奪人光澤的海水，連法國的蔚藍海岸都要相形見絀，任何一點都可以躍入水中，游泳，浮潛，潛水，釣魚，航行，水中無數的小海馬，成群的野生海豚，數以百計的巨大魟魚，沒有人會失望而回，如果胃口大一點，出海五分鐘就有一條深七千呎的海溝，那是鯨魚、鯊魚、海龜出沒的地方，難怪Grand Turk每次評選，都會進入全世界最佳潛水地點的前十名。

首都的主要街道，說穿了不過是海邊的一條小徑，但是幾乎看不到商業的痕跡，讓人不禁懷疑當地人要如何補給民生用品，偶爾有一個小涼亭裡面賣書報兼各式各樣的雜貨，店主人總是搬張椅子坐在門口打盹，有人經過時，才會醒來，彬彬有禮地跟路人打聲招呼，才又繼續睡去，少數的幾家銀行，外表看起來也就像花草扶疏的民宅別墅，牆上小小的招牌，往往被藤蔓蓋住，路上沒有匆匆忙忙的人，只有偶爾一兩個漫無目的騎著腳踏車閒晃的少年，在安靜的土路上緩緩繞行，我不知道在這島上長大的年輕人，會迫不及待希望能到五光十色的大都市紐約去闖蕩，還是樂天知命甘於地球上最慢活的熱帶天堂？但我知道，這個世界上還能夠保有這樣生活方式的地方，可以說是絕無僅有了。

會特地來Turks & Caicos Islands的外地人，如果非偶爾靠岸的郵輪旅客，絕大多是長年以此為第二個家的有錢人，像一個秘密會員俱樂部，每天從紐約和倫敦，各有一班飛機抵達Grand Turk，但走在路上，幾乎從來不會看到觀光客的存在，每個人似乎都一抵達機場，就直奔自己喜歡的安靜角落，我不知道作為一個加勒比海小國，Turks and Caicos Islands 還能維持這樣沉睡多久，或許不久之後，Turks & Caicos 也會變成另一個被金融業炒得沸沸騰騰的開曼群島，或是一天二十四小時起重機不停搬運貨櫃的巴哈馬群島港口，這是Turks和Caicos的國民，需要為自己做的重要抉擇，但是我很高興，起碼到目前為止，Grand Turk到現在還不急著改變，就像飲料公司的倉庫，一兩個世紀前的英國殖民貿易公司的老招牌，還掛在牆壁上，連自己的招牌都沒有，過去與現在，就這樣自然而然連成一氣，至於未來，簡直不知從何想起。我私心盼望，Turks和 Caicos永遠都是這個對外人來說默默無聞的Turks and Caicos，畢竟，誰那麼無聊，會想要去搶奪或改造一個過去除了海鹽，現在除了美景，什麼都不生產的熱帶島嶼呢？

天堂的另一面

前一陣子我到台灣的元智大學，參加學校舉辦一個叫做「圓夢計畫」的活動，校方鼓勵學生組隊參加競賽，優勝的隊伍可以得到實質的補助去實現夢想，有人因此到埃及的貧民窟，也有人到馬爾地夫。

在場的大學生，對於去開羅郊區貧民窟的團隊，直到看見金字塔前的合照為止，都表現出不解和同情，但是對於另外一個團隊，能夠到潛水天堂馬爾地夫拍攝關於地球暖化、海水上升的紀錄片，卻都明顯露出羨慕的神情。

每回只要跟上班族聊到他們心目中，海外員工旅遊目的地票選，第一名幾乎都是馬爾地夫，究竟這個在印度西南方的蕞爾島國，有什麼樣的魅力，成為許多人最想去度假的地點？

二〇一〇年底Asia News Network月刊，製作了一個另類的馬爾地夫專題，探討了這個人間天堂度假勝地少為人知的另外一面，這個擁有一千兩百個小島的國家，宣布在二〇二〇年前，要成為零碳國家，也就是說到時所有的能源使用都來自風力或太陽能，為了取信於世界，總統Mohamed Nasheed還親自在媒體面前，幫忙安裝總統府屋頂上的太陽能板，在這之前，他也曾跟閣員穿著潛水裝在海底用手語在水下開會，呼籲聯合國的氣候變遷會議正視這個問題，否則只高出海平面一個人高的馬爾地夫，在不久的將來就會沉在海平面底下。

總統的公關，顯然受到國際媒體的歡迎，他也一再強調美國、中國、印度經濟發展如果忽略環境議題，將會加速造成馬爾地夫的沉沒，但是如果到馬爾地夫，看到的卻是很不同的景象。

進出馬爾地夫，唯一的交通工具是飛機，島嶼之間的交通，需要高速汽船，兩者都消耗大量的燃油，首都馬律（Male）雖然只有區區一點二平方公里（不斷填海之後現在已經接近二平方公里），每個人卻不顧很高的進口關稅，買汽車或機車阻塞原本就已經狹窄的道路，對當地人來說，節能減碳並不是技術上的困難，而是觀念無法跟上：有車是身分地位的表徵，只有孟加拉來的貧窮農民工，才會騎腳踏車，整個馬利島上找不到垃圾桶，馬路滿地都是隨手亂扔的各種垃圾，每個人隨時都喝進口的瓶裝水。馬爾地夫人距離對零碳化有足夠的認識，還有很遠的距離，更缺乏足夠的人才，去落實這個願景，光是裝太陽能板、設立風力發電站是不夠的，汙水沒有任何一個中央處理系統，每天製造出十噸的海產垃圾，直接排放到大海，將近兩百間度假飯店的垃圾，除了屈指可數的幾家之外，都沒有經過回收，直接載到一九九二年將美麗的珊瑚礁填成的 Thilafushi 島，當地人口中的垃圾島，直接焚化。觀光客跟當地人每天製造出三百三十噸的垃圾，如果靠近垃圾島，一天二十四小時都會看到灰煙跟燃燒垃圾的臭味，將溝通島嶼之間的船隻動力改為電力，技術上當然是可行的，但是沒有溝通島嶼之間的人，所有的成果，就像馬爾地夫給世人的頂級度假勝地印象，都只是膚淺而無法長久延續的。

四十萬人散住在一九六個小島上，社區的聲音往往被有錢人所壓抑，財團不斷大量建造度假村，為了吸引觀光客，在缺乏淡水的島上建造巨大的游泳池，運沙來填在珊瑚礁上鋪成美麗的人造沙灘，毫不在乎珊瑚礁因為施工跟人造沙灘而大量死亡，對於一個四十年前，當地Dhivehi語的字彙裡還沒有「環境問題」的熱帶天堂，觀光業跟漁業突然改變了人跟自然共生和諧的關係，要馬爾地夫承認迷失在現代文明中的事實，是需要很大勇氣的。

透過外包的方式，目前馬爾地夫有三家不同的民間公司，開始在三個不同的地點建立風力發電站，另外有一家公司正在研究是否能將垃圾燃燒的熱能轉為電力，但是最重要的，馬爾地夫人的思維需要做重大的改變，重新反省現在的生活方式，是否從一九七二年第一家度假旅館在馬爾地夫開幕以來，依賴每年五十萬觀光客，讓馬爾地夫失落了價值觀？

最讓人不愉快的事件，莫過於前一陣子在YouTube上面爆發的醜聞，Vilu Reef Beach & Spa Resort度假旅館的餐飲部經理，充當主婚人以Dhivehi語幫一對瑞士夫婦證婚，但是從頭到尾，這對面帶微笑沉浸在島嶼天堂的夫婦，完全不知道主婚人整整十五分鐘，說的證詞都是侮辱的話語：

「你們是豬，你們結婚生的小孩是蠢豬，……你們的婚姻是無效的，因為你們不配有合法婚姻，我們有理由相信你們兩個都對彼此不忠，讓對方戴綠帽……」

一名旅館員工將影片上傳後，像野火般散開來，弄到總統先生必須親自打電話到瑞士跟這對夫婦道歉，還邀請他們日後以總統嘉賓的身分再來馬爾地夫，但是如果你是當事人，你會再去嗎？

馬爾地夫雖然有美好的硬體，但是如果當地人不珍惜環境，也不尊重人，缺乏美的軟體，道德的App應用程式，相信很多觀光客寧可選擇其他度假地點，畢竟世界上沒有一個地方，美到非去不可。二〇一〇年馬爾地夫的五十萬觀光客中，來自中國的觀光客就佔了百分之十五．三，比前一年整整成長了百分之一百三十七，加上韓國客人，快速取代了歐美經濟衰退後的客源，但是馬爾地夫觀光局官員卻強調，中國客人不是他們想經營的重點，「因為中國客人基於好奇，只會來一次，但是喜歡陽光與海灘的歐洲客人，卻會一來再來。」

這群有幸拿到大學贊助到馬爾地夫的台灣大學生，都是資訊傳播研究所的碩士生，所拍攝紀錄片的地點正是觀光客一般無緣涉足的首都馬律，當他們在申請這個圓夢計畫的時候，計畫書上他們需要回答圓夢動機、圓夢的執行方式、結合社會資源的方向及做法，但是這些問題，也都是馬爾地夫需要回答的，馬爾地夫在圓夢的過程中，這個原本默默無名的島國，得到了什麼，又失去了什麼，值不值得，想清楚了，才是天堂。

看動物奇觀長大的小男孩

航海，無疑是我最喜歡的旅行方式。

我之所以喜歡航海，是因為與大自然接近的程度，不像飛機，封閉在一個巨大的金屬箱中，也不像汽車或火車，被鐵軌或公路的鋪設嚴格限制，航行在汪洋海上，提醒著我，一個人類，作為大自然界生物界中的一員，是多麼脆弱，又多麼微渺，航海將我帶回童年，再度成為那個每個周末下午，迫不及待打開黑白電視，看「動物奇觀」的小男孩。

十年前，有一回我搭乘的船停靠在加勒比海的開曼群島，我拿著浮潛面具躍入水中，海底有一艘沉船的廢墟，經歷漫長的時間，變成了許多海底動物的家，我愉快地與上百種魚類在沉船中優游，繼續往海中央前進幾百公尺，有兩個紅色的浮標，浮標之間是一條突然垂直墜落七百英尺深的海底地塹，我在這條海溝中，意外看到野生的海龜，牠愉快而好奇地從海底升起，到幾乎碰到我胸口那麼近的程度，跟我一起游泳，我永遠忘不了那神奇的一天。

十年後，我又在同一個港口下船，經過那麼多年，開曼群島岸邊已經興建了許多高級別墅，要不是我還認出清澈的海水底下，珊瑚礁間那艘生鏽的沉船，我可能不敢相信這是當年同一個地方，抱著微渺的希望，我再度縱身游向海溝，結果出乎意料，在同樣的地點，一隻野生海龜從七百英尺深的海底向我游來，我簡直感動得說不出話來，也許牠就是當年見過的同一隻海龜也說不定。

我對大自然自行調節的力量，因此更加堅定。

兩次在開曼群島在同一個地點，難得接觸野生海龜的十年之間，我在緬甸山間的農場根據樸門農藝設計（Permaculture Design）的概念，協助開創了緬甸第一座大型有機農場，幫助過去以耕種罌粟花為主的少數民族佃農，轉種合法的經濟作物，以達到百分之百的糧食自給率為目標，十年來一直謹守樸門的三個原則：照顧人，照顧地球，公平分享。其中的公平分享（Fair Share）就是希望傲慢的人類，能夠學會如何跟整個生態系中，所有的肉食動物，草食動物，地上與地底的昆蟲，多年生的草本和木本植物，都能夠公平分享資源，而不是像在大部分的城市，人類粗暴地攫取壟斷所有的自然資源。

受到「動物奇觀」影集啟發的許多年之後，英國BBC國家廣播公司又花了兩年多緊鑼密鼓拍攝了「Nature's Great Events（自然大變化）」，二〇〇九年二月在BBC HD高畫質頻道播出的時候，我驚異於科技進步帶來的嶄新視野，攝影師用不可思議的鏡頭角度，訴說我們觀念上理解，但從來沒有親眼看過證據的自然事件：太陽的力量如何帶來四季變換，推動了季節和潮汐，也因此定期帶來地球表面最壯觀的野生動物事件。我永遠沒有辦法忘記，當我第一次看到波札那共和國奧卡萬戈三角洲的大氾濫，那種對微小生命強大力量的敬佩，乾涸沉睡的大地，如何在一場大雨後以飛快的速度甦醒過來，短短幾個小時之間，荒野變為豐盛的草場，數以百萬計的昆蟲，穿梭在無數的野花間，短短的幾天內，一切重獲新生，河馬，大象，鱷魚，羚羊，雀鳥，猴子，都忙著照顧幼獸，享受大自然一年一度的盛宴，那種躬逢其盛的感動，除了視覺上的震撼，更多的是謙卑。

和我一起在緬甸山區的農夫，生活在沒有電力的鄉間，小時候當然沒有「動物奇觀」可看，也從來沒有看過海洋，更不會明白我為何會因與野生海龜相遇而感動，但是我相信透過「自然大變化」的影像，許多我們原本僅停留在知識層次上知道的事情，一旦透過視覺的證據，會將感動轉化成行動的力量，世代以來遵循著太陽的變化作息的農人，也會和我一樣，被大自然這位廚師「辦桌」的能力所臣服，成為大廚得力的好幫手，而不再只是為五斗米折腰，世世代代被罌粟花海淹沒的佃農。

町家之戀——美好生活是培養出來的

我對京都的町家是情有獨鍾的。

所謂的「町家（ちょうか、まちや）」，是「職住一體型」的民家房舍，既是店鋪也是住居，也有人將漢字寫成「店屋」，雖然亞洲到處都有住家跟店鋪結合的形態，但還是以京都的最為精巧美妙，專門稱為「京町家」。

這種町家從平安時代中期開始發展，一直到江戶時代中期，大致上就成了我們今天在京都看到的模樣，從平房（所謂的「平家」）到三層樓的「三階建」都有，但最主流還是上下兩層樓的「厨子二階」，外觀所謂的「紅殼格子」、「虫籠窗」、讓貓狗可以自由進出的「犬矢来」等，都非常搶眼，卻彼此協調不突兀，大概是因為做生意的大家都需要有個店面，所以面向街道的門面都不寬（也有人說是因為江戶時代初期課稅的標準是按照店門的寬度來計算的，所以門面越窄，付的稅金越少），進門後卻很深邃，所以也有人說像是長長的鰻魚的眠床，不少店家門口現在還保留著唐代流傳下來瓦製的鍾馗像。

「紅殼格子」是一種塗在木窗格子上可以防腐、防蟲的特殊塗料，當年遠從印度南部的Bangalore運過來的，久而久之這種特殊的暗紅色，卻成了訪客對京都不可或缺的印象，這些暗紅的窗格子，有平也有凸的，形態也細分成親子格子、子持格子、連子格子、切子格子、板子格子、細目格子、目板格子，不同的商家，也會因為職業不同，窗格子細分成賣米的米屋格子，賣酒的酒屋格子，賣麵的麩屋格子，染坊的染屋格子，賣柴薪的炭屋格子，賣線的糸屋格子，賣菜刀的堺屋格子，也有專門改成住家不做生意的仕舞屋格子等，街上走一圈，就能一目了然知道曾經哪一家是做什麼買賣的，非常有趣，讓人流連忘返。

目前京都市政府正式定義下的町屋，指的是「一九五〇年以前傳統的以木造軸結構建造而成的家屋」，目前京都市中心包括上京、中京、下京、東山四個區一共約有兩萬八千町家受到認證，加上市區外圍跟沒有認定的，估計恐怕有五萬間。

這麼多的私人木造老屋，要維持並不容易，尤其老一代逐漸凋零以後，新一代的年輕一輩，很多到外地工作後就不再回來接管家業，即使接管店舖的，也不見得喜歡容易著火的古老木屋，就算喜歡的，受過去十年以來經濟景氣的衰落影響，很多沒有足夠的餘裕可以修繕維護，以至於越來越多原本像藝術品傑作的老屋，逐漸荒蕪，有時候沒有修整的大樹，就把木屋的根基翻起，火災，地震，年久失修傾塌，估計每一年京都都要失去一千間左右這樣的老房子。

感傷之際，我很高興透過介紹知道有這麼一個在日本住了大半輩子的美國人Alex Kerr，不忍心見到町家消失凋零，於是找了投資者，把同一兩條街道上的京都老宅，收購改建成精緻的民宿旅館，每批客人租一間獨立的房子，以天為單位，並且設了一個網站（http：//www.kyoto-machiya.com），讓有興趣的客人直接在網站上線上預訂中意的房子，幾年下來，已經成功整合了特色不同的十間町家，從最便宜的一個晚上兩萬七千日圓，適合兩個人住的「石不動之町」，到一天十五萬日圓，最多可以住到十個人的「筋屋町」都有，住宿的客人，還能依照自己的時間，選擇少則半天、全天，多則兩三天，甚至長期的傳統文化課程，從能劇到書道，狂言到武道，茶道到參禪，花道到陶藝，弓道到日本舞踊，祭祀的神事到合氣道都有，雖然住宿的費用並不便宜，但入住的狀況卻相當好，還不見得有錢就能訂到，一個保護老宅避免被拆除命運的私人計畫，卻可以透過商業機制，將來自全世界醉心傳統京都風情的外國人，帶進老化的社區，注入新的生命，做到了政府跟NGO都做不到的事。

或許有人會說，京都本身有著強烈的文化感染力，自然容易成功，但是我深信中國一些老宅也很有這樣的潛力，不需要溫州炒樓團，也不用連鎖企業的如家、攜程、一六八這些酒店來做，只要有一份惜古的心意跟如傳統京都人做小生意的執著，肯定也能成就中國的町家，比如朋友最近從廈門回來，對於船屋造型的老別墅Morning call紅茶館就讚譽有加。五十年前，屋主依據坡地特色，將房屋以船形進行建築規劃，從庭院到露台到天台，都如同置身甲板；而五十年後，這座夢想之船重新啟航，成為新主人夢想中的生活方式再造基地。老別墅的一樓，有一間紅茶館，帶著很強的未來風格；有台灣美食家葉怡蘭的PEKOE美食雜貨；有來自歐洲及本土的中古舊物再造店；有古法再造的小小美食；最令人心動的是側院的小小木工房。二樓是一群創意設計師的天地，有WORK SHOP千樹創意工坊，有WHY STAR外星球動漫，還有一個文化圈內流傳已久的re+PUBLISH PLAN再出版計畫。而到了三樓，有一個未來的期待，一個名為「1000客」的計畫正在進行中，據說這裡將會變成一個只有兩個房間的原生態酒店，進入這個酒店，即是進入這本書，從而探索旅行之於當代日常生活的意義所在。

另外，在鼓浪嶼的46HOWTEL 精品生活方式酒店（http：//www.46howtel.com/），可能更加接近Alex Kerr的京町家了，這家小型的酒店只有十七個房間，根據面積、景觀及設施的不同分成四、五個不同系列的房型，每個房型的不同房間也並不完全一樣，小區別帶來的小趣味正是酒店設計上的細微用心之處。大院、大樹、大宅，是初入46HOWTEL給人的第一印象。46HOWTEL的位置是創辦於一九〇三年的鼓浪嶼電燈公司營業部所在地，是當地著名的公共建築之一，歷經百餘年後，原貌翻建和裝修成為今天的46HOWTEL。酒店入口處一棵破牆而出的大榕樹，茂密繁盛，鬱鬱蔥蔥，讓人一下子從剛才龍頭路上的繁華喧囂中安靜下來。在綠葉掩映之中，三層灰色水洗的建築牆面和暖白的窗簾顯得大氣而又低調，進入大門後的一段玄關式的甬道，再次將院落之外的喧鬧和院內的安靜優雅做了一個過渡，似乎是要人徹底丟掉喧鬧之後，才可正式地進入到酒店的庭院之中。價位比起京町家，也顯得親民許多，每晚在三百至一千人民幣之間。

從京都的町家到鼓浪嶼，隨著時代的進步，我們跨越文化跟時間的界限，不但對於未來有著美好的想像，也學習如何將過去的美麗身影，自由而嚴謹地放進未來的藍圖之中，提醒著我們不只自然界的生物講求多樣性，建築跟生活美感也都該有多樣性，不用爭辯是非，只要能呈現新與舊各自美好之處，在未來的生活空間，就應該都佔有舒適的一席之地。

第5樣
禮物

從Q&A學習

好像一個很特別的人的生命，
在顯微鏡底下充滿生命的力量的切片，
透過紙張顯影，看到那些生命充滿活力的細胞，
因此得到許多生命的啟示。

不要因為不考就不讀，這是什麼道理？

身為一個台灣男性，我常常覺得有種羞恥感，因為大部分的台灣男人，都是離開學校就很少讀書的。

當然，不能一竿子打翻一船人，但無論性別，勉強買了一本好書放在床頭，卻一年也看不到十幾頁，這樣的大人還是很多的。

最不堪的，莫過於堅持股票操盤必勝指南、汽車圖鑑、泳裝美女寫真集、如何成為網路行銷高手也是書，堅持自己是讀書人的那種。因為「資訊不等於知識」這個道理，不懂得享受讀書的人是無法理解的。

我喜歡去台北市徐州路一家叫做「貓下去」的餐廳，除了因為這些廚子都是很有想法、也很能夠在理想和商業操作之間找到平衡點的年輕人之外，另個很重要的原因，是餐廳的書架上，總是有幾本魚的圖鑑，當天進貨現撈的魚，整個餐館從服務生到廚師，都會仔細地讀今天這種魚的各種特性，以及對於料理的建議，所以客人可以除了「今天的魚很新鮮」之外，得到更豐富的知識，讓吃的樂趣，跟「獲得新知」的樂趣相得益彰，時常我會一面吃，一面拿起圖鑑，津津有味對照學習。

幾年前作家龍應台去成功大學醫學院的畢業典禮上致詞，她強調畢業不是學習的終結，而是「站在制度性學習的終點，自主性學習的起點」。實際上，對我來說，學習最美好的滋味，確實就是在不用考試之後才開始的，一直到現在，只要在學期中我正好回到台灣時，遇到星期天，我還是會回台大去參加學弟妹舉辦的讀書會，因為那種對世界好奇，求知的美好滋味，已經變成了我的第二直覺。

我記得在報紙上看到一項調查指出，就算八成的台灣人都認為讀書很重要，卻有四百五十萬台灣人不看書，每周讀書的時間只剩二・七二小時，平均每天只花二十三分鐘看書。同一篇文章裡面提到，被年輕人視為偶像的台積電董事長張忠謀，每天花五小時讀書。所以「五小時」和「二十三分鐘」，或許就是平凡者與創業家的差別。這還是至少三年多前的數字，想必現在的人，每天讀不用考、不實用的書，恐怕比二十三分鐘更少了。

秋天剛開學的第一個周末，我跟一個在美國波士頓地區衛斯理大學的教授朋友Elkins吃飯，問她今年的新學生素質如何，這位已經在這間著名的女校任教二十多年的教授，非常感慨地說：

「我很驚訝，現在的年輕人，知道的有多麼少！」

現在剛進入大學的年輕人，基本上從懂事開始，就過著有網路的生活，所以照理來說，她們的知識應該是比任何一代都要豐富才對，但事實是，她們比任何一代的衛斯理高材生，知道得更少。

「不要誤會我的意思，她們對什麼都很好奇，也很有想學習的興趣，只是她們幾乎從小到大，沒有從頭到尾讀過一本書，對於各種話題，都能夠說上一兩句，再多就不知道了。」Elkins教授說，「所以當我開出書單，她們發現這個學期要讀六本書的時候，都露出非常惶恐的表情。」一兩句，剛好是推特或是臉書一則朝生暮死的訊息的長度。

「我們從小讀書都知道，書不用每一頁都花同樣的時間去閱讀，有些值得慢慢推敲，有些則可以快快掃過，但是我這些網路時代中長大的新學生們，顯然不知道如何調整閱讀的速度。」

台灣出版界的大哥郝明義，在《越讀者》中形容那些不知如何利用「網路」與「書」享用閱讀所帶來的樂趣與機會的人為「第三類文盲」，提醒我們千萬不要以為識字、上網，讀過大學就沒事了，因為當人類文明越高，更該在意自己閱讀的究竟是人類智慧的菁華，或是渣滓。但當我們習慣了拿著手機上網，花同樣的時間與專注力，看臉書上的朋友抱怨辦公室樓層的廁所馬桶內緣有疑似主管的大便痕跡，跟去了解孟山都公司（Monsanto）的基因改造種子改變全世界的農業未來，重要與不重要的資訊與知識統統混雜在一起，長此以往，要再拿起一本兩三百頁不算實用也不用考試的好書來完整讀一遍，就變成艱鉅的挑戰。

我從學生時代開始背著背包四處旅行的主要動力，來自於對世界充滿好奇心，對於閱讀，我也有著同樣的好奇心，只讀有用的書，就像只去喜歡的地方旅行，世界就會變得越來越狹小，閱讀的成本相較之下比旅行低得多，所以更可以奢侈地無限擴展知識的廣度，認識各種看起來或有用，或沒用的知識。

就像我發現，很多在旅行中帶給我最大的驚喜跟觀念的衝擊的地方，竟然是原本甚至沒有想要前去旅行的地方；在閱讀的旅行中，我也越來越認識那些有趣但是無用的知識，閱讀後卻往往幫助我觸類旁通，可以從完全不同的角度，海闊天空地來看待我的專業，將我從專業領域的禁錮中釋放出來，借助知識再生的力量，讓我更接近自由思考。

畫家一年不作畫，鋼琴家一年不彈奏，老虎伍茲一年不打高爾夫球，恐怕要花好幾年的時間才能回復到原本的水準，**一個一年忘了閱讀的人，就快速向著第三類文盲的方向奔去，不需要幾年，就會完全失去了閱讀的能力**，成為那個成天坐在電視機前面，拿著遙控器不停轉台的糟老頭。

貧民窟教你閱讀城市

認識我夠久的老朋友都知道，每隔一年我都會到巴西里約去參加嘉年華會。不曾去過巴西旅遊的人可能難以置信，二〇一〇年底，巴西政府竟然在"Rio Top Tour: Rio de Janeiro in a Different

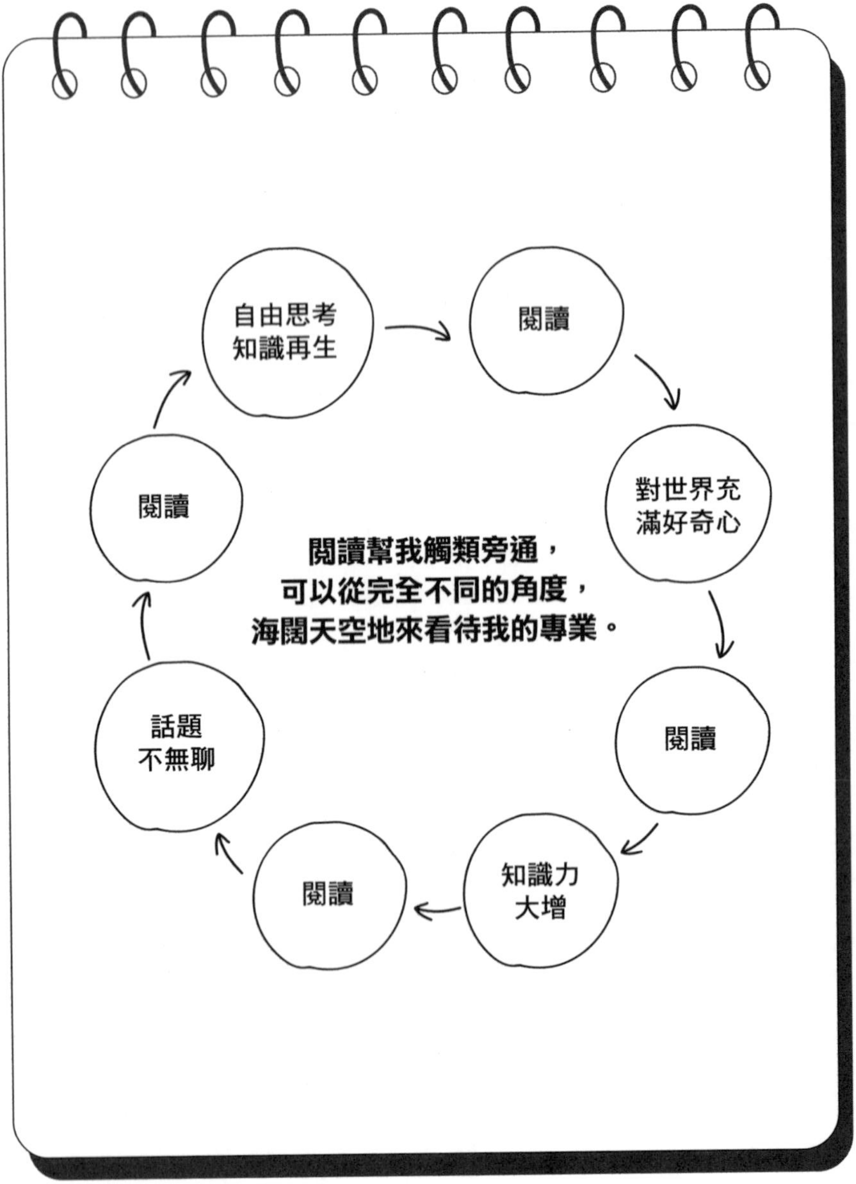
自由思考
知識再生
閱讀
對世界充
滿好奇心
閱讀
知識力
大增
閱讀
話題
不無聊
閱讀
閱讀幫我觸類旁通，
可以從完全不同的角度，
海闊天空地來看待我的專業。

Perspective”的對外觀光宣傳活動中，正式邀請各國觀光客下次到里約熱內盧時，除了嘉年華之外，也別忘了參加貧民窟一日遊。

住了五千多人的Santa Marta是第一個正式變成旅遊景點的里約貧民窟，過去許多人因為毒品跟犯罪而避之唯恐不及的地方，如今卻被認為是許多民間音樂和藝術的發源地。貧民窟之旅的導覽，都是當地貧民窟出身的在地人，為了方便外國觀光客，還豎立了英文招牌，讓遊客知道哪裡是Michael Jackson拍音樂影帶的地方，哪裡有森巴舞學校，哪裡又是藝術家的工作坊，甚至哪裡是當地談戀愛的年輕男女看夜景的最佳去處，都有詳細說明，如果這個計畫成功，就可能複製到巴西其他貧民窟。

政府將貧民窟觀光化，可想而知肯定是毀譽參半，很多媒體說這不是觀光，而是「獵奇」，甚至有人說這根本是在推行「貧窮主義（poorism）」，許多人不知道的是，早在政府正式推廣貧民窟作為景點之前，私人旅行社已經默默推銷了這種所謂的「貧民窟之旅（Favela Tour）」至少十五年了，觀光客坐在加裝鐵欄杆的吉普車或悍馬車到里約最大的貧民窟大街小巷裡鑽，名副其實的都市叢林之旅，貧民窟之旅就和貧民窟本身一樣，不會因為視而不見就自然而然消失，所以何不像巴西的嘉年華，以每個貧民窟為單位，每年推出一個森巴舞學校參加大賽，讓來自貧民窟的男女，每年有這麼幾天，能夠站在舞台的中心，讓他們被看見，他們的聲音被聽到，其實是很重要的。貧民窟的年輕人，有了這樣一年一度的目標值得努力，自然也就不那麼容易被幫派或毒品耗竭，每隔一年付費親自去參加嘉年華會，就是我透過行動支持貧民窟被看見的一種具體行動。

跟隨著巴西的腳步，印度孟買的貧民窟Dharavi也推出類似的行程，而且逐漸受到歡迎。平心而論，如果能讓從來沒有見識過貧民窟生態的文明中產階級，親自到貧民窟走一圈，影響不見得都會是負面的，許多巴西人或印度人，一輩子從來沒有機會接觸到自己國家絕大多數人民生活的赤貧場景，或許第一眼是震撼而赤裸的，但是各行各業的商人、程式設計師、土木工程師，如果因為這樣的導覽，未來將貧民窟的消費形態納入商業設計的考慮之中，或許不是壞事。比如說非洲肯亞Nairobi的商人，就因此為貧民窟購買力低的消費者，製造份量特別小的包裝，從洗衣粉到調味料，都是剛好一人份一次使用的份量，單價雖然很低，但人人都買得起，用得上，結果在大公司紛紛針對富裕階層的顧客設計產品，面臨滯銷破產的同時，專門針對貧民窟消費形態的廠商，卻因此得到很高的獲利盈餘，如果沒有親自窺探貧民窟，誰能想像這群被遺忘的消費者的需要，並且轉換成雙贏的商機？

我之所以立志從事NGO的工作，也是因為在學生時代當背包客旅行時，見到那麼多的乞丐，給也不是，不給也不是，給也不知道該給多少，不給也不知道如何面對良知，因此走上追尋「遇到乞丐該怎麼辦？」這個答案的道路，後來我決定透過NGO有組織的方式，幫助願意一起努力改變生活現狀的弱勢族群，這個答案，讓我後來遇到乞丐時，再也沒有內心的掙扎跟行動上的慌張。後來住在泰國曼谷的時候，住家旁邊甚至就是一個貧民窟，我跟一些朋友參與協助貧民窟裡設立的圖書館，讓貧民窟的孩子課後能有一個安全、正面的環境打發時間，一直到後來貧民窟兩次遭祝融吞噬殆盡為止。

學會另一種角度

日本記者石井光太在日本國內校園裡持續推行的「世界真實貧窮學課程」，起源也是在他大學一年級的時候，只因為「到沒什麼人去的國家旅行吧！」這樣的好奇心，毫無理由地去了巴基斯坦，一路搭乘巴士前往阿富汗，看到當地陷於長達二十多年的內戰，遭到全世界遺棄，整個沙漠舉目所見，全是難民的帳篷，乞丐淹沒了道路。人們蓬頭垢面，失去手腳和雙眼，傷口流血不止，不斷地哀訴：「請施捨一點錢。」

初次目睹的貧窮情景震驚了石井先生。為了要回答「為什麼他們會乞討？為什麼他們不得不暴露出殘障的肢體在街頭生活？」這樣的疑問，成為他未來記者專業的契機，大學時代便已經巡迴幾十個國家，一邊與當地人共同生活，一邊進行採訪。二十五歲時巡迴亞洲各地、採訪殘障者和乞丐，寫成了《乞討的佛陀》（文春文庫）這本書，在日本掀起極大的話題，從此以後，石井先生主要採訪海外的貧窮地區，寫成書本出版，或在雜誌連載專欄、在ＮＨＫ電視台等製作報導節目，有時候他貼近街頭遊民的性生活，有時候留意殘障者的收入，或採訪妓女的家庭。那裡有許多過去在日本從未被報導的重要現實，許多人知道這些事以後，對貧窮的印象以及世界觀都完全改變了。

無論是從事新聞工作的石井先生，ＮＧＯ工作的我，或是任何一個走入民間疾苦的旅行者，這樣的親身經驗，教導我們體認並不是所有的貧民窟之旅，都是在消費窮人。過去對於貧窮問題，**人們總是只以「悲慘」這一面來思考，但如果可以用多方面的角度來看待事物，正視過去沒有任何人傳達的世界現實，毋寧不是一件好事**。

我也見過有些一開始原本只是為了撈一筆而舉辦貧民窟一日遊的旅行社，隨著跟社區互動加深，開始將行程做得更細緻，除了參觀之外，還提供乾淨的飲水，或當場煮食供應貧民的志工活動，融入在參觀行程中，貧民窟的居民也接受簡單的訓練，學習如何就地取材，用瓶蓋、鋁罐、塑膠袋，甚至樹葉等不用成本的廢物，製作成紀念品，賣給來參觀的遊客，因此培養了一些小資本的創業者，也有些旅行社，有合理的回捐機制，將部分收入捐給貧民窟用來建造或經營社區中心。

當然，巴西聯邦政府鼓吹的貧民窟之旅也好，石井先生的「貧窮學」教材也好，都不能取代正式的發展計畫，但若執行得當，站在人與人平等尊重的立場，觀光客作為親切的觀察者，貧民窟之旅也可以成為發展的一支重要力量。如果住在貧民窟的導覽員，能帶著外國人到他們住的家，跟他們的家人和鄰居自然地見面相處，而不是讓遊客躲在裝甲車的防彈玻璃後面，拚命按快門後揚長而去，那麼這些或許一輩子從來沒有機會跟外界接觸的貧民窟成員，因此有機會對世界有更立體的了解，孩子們因此能夠做更大的夢，未來成為更好的人。

如果還無法理解的話，我們就用路邊攤跟五星級飯店來比喻吧！電視上時常出現的名廚Adrian Baldwin曾經在接受《Budget Travel》這本旅遊雜誌的專訪時說，路邊攤是要餵養整個城市的主力，所以總是很新鮮乾淨，相較起來在五星級飯店吃自助餐拉肚子的機率，恐怕還比較高呢！（Streetstalls are in the business of feeding their neighbors. You're far more likely to be poisoned by a big hotel chain buffet.）

就像石井先生說的：

「……我必須聲明，貧民窟絕對不恐怖。貧民窟的居民有九成做著正當的工作，富有正義感，活得光明正大。他們也像我們一樣運動、一樣念書。」

我們睜開第三隻眼睛，到開羅除了看金字塔，也要看「死人之城」的賊仔市，販賣著從屍骨未寒的死人身上脫下來的衣服手錶；到曼谷除了看金碧輝煌的皇宮，也要看貧民窟火災時，搶救每個月五十塊泰銖租來的彈簧床墊跟電風扇的居民；看好萊塢電影，也要看紀錄片《Waste Land》裡，垃圾山中如畜生般生活的回收員，如何因為一個移民加拿大的巴西藝術家Vik Muniz的裝置藝術計畫而產生生命的衝擊；看新聞裡孟加拉天災人禍不斷之外，也別忘了有兩個女乞丐，從一九六四年鼓勵其他乞丐每人存下一把他們乞討來的米，作為共同遇難時的救急金，到今天成為全國最大的NGO組織Thengamara Mahila Sabuj Sangha（TMSS）。

極端貧窮的景象，是一種震撼教育，雖然令人不舒服，卻提供絕佳的契機，讓我們學習用人生而平等的尊重態度來看待貧窮，我們智識中世界的面貌，也會因此更加真實、更加立體——我把這樣的知識旅行，稱之為閱讀的延伸。

從Q&A學習

閱讀不是只限於書本，區分知識與資訊的，不是紙張或電腦的媒介，也不是書籍或雜誌的形式，而是內容的深度。深度閱讀的好處之一，是讓我們能夠學習別人生命深邃的部分，有時候我發現自己無法靜下心來看一本厚厚的名人傳記，但是這些我感到有興趣的人，當他們在一些國內外雜誌上接受Q&A時，如果記者的問題問得夠好，我也能深切感到閱讀的感動，好像一個很特別的人的生命，在顯微鏡底下充滿生命力量的切片，透過紙張顯影，看到那些生命充滿活力的細胞，也因此得到許多生命的啟示。

隨便在腦海裡搜尋，我就記得好幾年前大提琴家馬友友在《GQ（瀟灑）》雜誌曾經接受

Q&A，談他充滿生命感動的「絲路計畫」，還有《Budget Travel（陽春旅行）》雜誌中，讀到我從來沒有聽說過的電腦教授G. Michael Schneider，談他和教書的妻子如何藉著暑假短期的工作，到尼泊爾、蒙古、肯亞、辛巴威、土耳其這些不可思議的地方，自己不花一毛錢去做非常有趣的事，尤其讓我感興趣的，是他如何受聘到不丹王國，和一個專門設計高爾夫球場的專家，共同為不丹設計第一個十八洞高爾夫球場的迷人故事。

有時候，我也會調換角色，從讀者變成雜誌上那個回答Q&A的怪咖，這種時候，我就會記得自己在讀那些問得很棒，回答得也很真誠的Q&A專欄時所得到的閱讀趣味，希望自己也能好好地把生命裡最有趣的元素，透過一問一答中彰顯出來。

發現美麗新世界

一九八六年，一個法國的探險家「發現」了菲律賓中部Occidental Mindoro西岸的Pandan島，從此，這裡就變成了潛水愛好者的天堂，到現在，島上供應的還是法國菜。如果在地圖上，看這個Pandan島的位置，就會發現這個島嶼距離首都馬尼拉有多麼近，既然菲律賓是一個人口如此稠密的地方，怎麼可能在現代，還有歐洲探險家像十四世紀的探險家發現新大陸那樣，宣稱自己

「發現」一個全新的島嶼呢？很顯然地，這個所謂的「發現」，不是對菲律賓而言，而是對於這個不知名的法國探險家本人，或是對東方充滿無知的西方世界。

我用這個故事，時時提醒自己，我對旅行的熱情，不會發現一個全新的世界，世界一直都在那裡，無知的只是我自己而已，但是透過旅行，我卻可以「發現」一個全新的自己，因為我要放棄所學所知，抱著白紙般的心，讓自己被世界塗抹作畫，我要用雙手雙腳，來重新認識地球跟地球上的生命。

如果說旅行讓我認識世界，NGO的工作，則讓我從一個大眾眼中的菁英分子，正視內心對自然、農事的回歸。我從小的夢想是當農夫，可是台灣對教育的重視，卻讓我不得不走向成為一個對自己的生命沒有熱情的知識分子的道路，在這個每個人都想當專家，成為權威的時代，我卻從古老的農業中，深刻認識到人遠遠比技術更重要的道理。

一個完全不懂農事的城市人，要怎麼用農業去感動語言、文化都完全不同的農人？心理學中傾聽的技巧，要怎麼用在傾聽大自然，知道要怎麼幫助土地發揮力量？一旦有了一點成果以後，又要如何藉著公益旅行，去感動原本不在乎的人？這些都是學校沒有教我的事，更糟的是，我開始發現過往對知識的學習，甚至開始阻擋我看清前方的路，於是我開始用自己的生命來學習探險的旅程——拋棄所學知識跟舊的習慣，以成為一個接近自己所喜歡的人為目標，停止跟其他人的競爭與比較，重新回到人生的原點，讓自己在國外透過從事NGO的工作，重新回到小時候想當個農夫的夢想道路上。

透過自省，在舊世界中出發去找尋新世界，是許多現代人共同的願望。英國著名的「moneyless man」馬克・鮑伊（Mark Boyle）原本是主修經濟學的生意人，但是在二〇〇八年開始，他選擇在不使用金錢的情況下，生活了達十八個月之久。他的書《一整年不用錢》在英國當地的盈餘也都將會被用於他所創始的「自由經濟社區」作慈善用途。這個所謂的自由經濟社區，其實只是經濟理論當中簡單的供給與需求原則，根據這個原則，每個人都有可能成為別人的「供應商」。比如當一個背包客透過coachsurfing沙發衝浪的網站在我們所居住的城市，尋找免費借住一宿的地方時，你可以決定讓他待在你家的沙發上。**你幫助過的人，也許不會直接回報你，但是在你需要的時候，你也將會找到願意順手幫助你的人**，這個生態系統是基於付出與回報的有機循環。

這也是為什麼，我身邊有越來越多的朋友成為WWOOF（有機農場義工會）的一員，到世界任何一個加入WWOOF的會員組織，任何人都可以藉著在有機農場一周幫忙二十到三十個小時，交換免費的食宿，也會因此學到很多原本需要付費才能得到的專業技能。類似這樣的成功模式，已經有很多，這些都不是什麼複雜的理論，畢竟關於這個世界的所有答案都攤在我們眼前，我們只需要拋下標準答案，具備享受「恐懼」的能力，就會發現全新的美麗世界。

在緬甸農場將近十年，讓我意識到，就像馬克・鮑伊決定從一個經濟系畢業的生意人，「發現」現代人原來也可以過終年不用金錢的生活，就是用生命學習如何享受恐懼的美好發現，而我與自己的Q＆A對話，就是另一個永不止息的學習與閱讀的延伸！

第6樣
禮物

接納生命的擁有與失去

不斷的旅行，
隨時總在出發跟回來的路上，
教會我不斷跟這一路上的其他旅人揮手，
同時不斷地道別。

記憶中美好的午後時光

小學一、二年級的陳麗茹老師，退休以後經過與癌症多年的奮鬥，住進安寧病房。陳老師的家人，希望過去的學生分享對陳老師的回憶，我們這些過去的學生知道消息，紛紛從世界各地寫下對陳老師的回憶，或是錄下一段話語，趁老師意識都還很清楚的時候，向她道別。

知道這個消息的時候，我人在美國東岸的波士頓，想到這個教我學會寫名字、自己綁鞋帶的啟蒙老師，心裡有萬分的不捨，到底要怎麼跟一個即將離開的人說再見？

我走在波士頓家門口的森林步道裡，夏末的樹林裡不斷有橡樹的果實掉到頭上，忽然我好像有點明白了，拿出口袋中的攝影機，架在樹幹上，我對著鏡頭，謝謝陳老師在我六歲的時候，教我學會寫字跟算術，在罹患癌症的這些年中，又教我勇敢面對人生的困境，現在，老師又要我學習如何跟心愛的人做最後的道別，除了向她致謝之外，我也說這好像我手上的這一把橡樹果實，外表看起來是死了，但是只要種到土壤裡，很快我們又會見面，我像小學每堂下課時那樣，聽到下課鐘響起，迫不及待從小小的課桌椅站起來，宏亮地說：

「老師再見，同學再見，我們明天見！」

說完了，回過神來，才發現樹林裡，只有我一個人，我喃喃關起攝影機，用只有自己聽得到的聲音說：

「陳老師，我們下一堂課見。」

這不是我第一次面對生離死別，很顯然地，也不會是最後一次。

當時我們學校班上的班長，現在是專業的電視編劇，決定寫一篇標題叫做〈記憶中美好的午後時光……〉的鼓勵文給陳老師。她說：陳老師是我求學的啓蒙老師，但也是對我影響最深的老師。記得剛開始學注音拼音時，老師常用國語日報的《看圖說話》作爲教材，一字一字地教我們咬字發音；到了大學上「播音訓練」課時，我腦海中經常浮現的就是兒時跟著陳老師唸《看圖說話》的畫面；畢業之後在電台與電視台工作，不論播報新聞或者爲影片旁白配音，多少還能得到那麼一點點的肯定，沒有人相信我來自一個道地的本省家庭，與父母親講的都是台語，這時我才知道，啓蒙老師是多麼地重要！

有一次跟老師聊起這事，才知道老師並不是沒有「公假」，只是爲了不影響教學進度，她總是自動放棄「公假」，還是到學校來教我們，我終於知道，我是多麼有福氣的學生……

看到當年的班長說公假的事情，我也才想起來，那天的下午茶我也在場，陳老師說弟弟在新竹要結婚，當時別說高鐵，連自強號或莒光號的快車也沒有，所以從高雄左營到新竹，來回光是坐火車就要花整整兩天的時間，因為是唯一的親弟弟，婚禮不出席怎麼樣也說不過去，可是當時年紀還很輕的陳老師腦海裡浮現校長說的話：

「老師請假一小時，並不是一小時，班上如果有五十個學生，那就是五十個小時。」

就因為這句話，陳老師忍痛犧牲參加親弟弟一生一次的婚禮，繼續在黑板上，一筆一劃教我們讀書寫字，當時的我們沒有人曉得老師為學生所做的犧牲。

「現在年輕的老師，把休假當作福利，如果沒有休完，好像就吃虧了，但是我也不好說什麼，畢竟時代不同了，年輕老師可能會以為我這老一輩的老師，古板又不盡人情……」陳老師用她一貫悠悠輕柔的聲音說，每一個字我都還記得清清楚楚。

能夠有這樣的啟蒙老師，並且在成長的一路走來，都還能繼續接受她的教誨，從六歲一直到四十歲，我何其有幸！

我素來特別重視人與人的情分，被認為是個重感情的人，但是跟我們生命交手的人，也都或長或短用自己的生命跟我們的生命交換，我無法想像怎麼會有人浪費這樣難得的機會，去說或是做不誠懇的事，在我眼裡，這是糟蹋寶貴的生命。

時光之日晷繼續向前，而不斷的旅行，隨時總在出發跟回來的路上，教會我不斷跟這一路上的其他旅人揮手，同時不斷地道別。

親自面對死亡，才能開始去愛

很多父母在孩子小時候，會努力維護孩子的心靈不要受到死亡的陰影，偏偏我的父母是那種以忙碌的上班族，掩飾自己完全不知道怎麼教養孩子的那種家長，所以從小既沒有花功夫去裝聖誕老人，自然也不用面對夢幻的破滅。無論是失去寵物還是家人，我都要自己去面對死亡的意義，並且找到出口，不會發生像其他孩子那樣，聽到媽媽說：「小白跑走了，不知道去哪裡……」或是「毛爺爺去了天堂，在那裡很棒什麼都有……」這種媽媽完全沒想到，孩子聽到天堂那麼好，就會也吵著要去，狗狗走失了，就會去滿街找，反而弄巧成拙，所以某個層面來說，我還滿感謝父母的育兒術那麼差勁，否則對於生命的疑惑，可能會更多也說不定。

小時候半夜抱著心愛老狗的屍體，第一次要克服失去生命中最愛的痛苦，而後開始動腦筋該怎麼處理狗的屍體，當時父母在哪裡？現在一點都想不起來。從小將我帶大的外婆去世後，坐在意外寂靜的救護車裡，握著外婆冰冷的手前往停屍間，學習按照禮俗親手為大體清洗，同時想著接著殯葬要做些什麼，當時父母又在哪裡？感覺上每次遇到他們也不知道怎麼辦的問題時，我的父母就會躲起來，我只好強迫自己學習面對死亡，這到底是不是最好的成長方法？或者這會不會是我父母另類的教育方法，我實在說不上來，但是回頭看成長的腳步，我才發現，直到失去最愛的生命（無論是人還是動物），陪伴他最後一程。

你想活多久？

家中一個親戚，最近聽說剛診斷出攝護腺癌，於是這位年紀將近八十歲，但是身體還是非常硬朗，而且還每天到自己開的公司上班的長輩，抱著開刀的心理準備，到醫院去跟醫師討論治療的選擇。

沒想到醫生一開口就問他說：「你想活多久？」

醫生提醒這位親戚，他已經高出平均壽命兩年，雖然沒明說，但似乎有點「你這老傢伙活到了這個年紀，一直都很健康幸福，這輩子已經活得很划算了！」的意思，一旦進行攝護腺摘除的手術，恐怕起碼有兩年的時間必須要包著尿布，而且還不見得能夠復元，更何況，對於家族有心臟病史的人來說，手術過程中就會冒著額外的風險，所以手術治療，並不是一個恢復健康的簡單解決方法。

就在病人還不知道該怎麼回答的時候，醫生又若無其事地說：

「你有預立遺囑嗎？」他指指自己，「像我現在五十多歲，就已經把遺囑都安排好了……」

這位親戚的妻子，覺得醫生這麼說很觸霉頭，於是當場就決定轉院。

聽了這個事件的我，不禁開始想，年紀越大，想清楚自己要活多久，就越需要勇氣。

很年輕的時候，覺得活太長也沒意思，趁年輕在人生最璀璨的時候殞逝，有點悲壯的味道，比起年老後辛苦地拖著殘敗的身軀，要來得美好。

但是，一旦年齡越來越接近衰老，甚至像我這位長輩，不知不覺跨過了平均壽命的界線，卻不覺得老邁的人，對自己的生命、事業、家庭，也都相當滿意，突然之間被醫生問自己想活多久，對生命就貪戀起來，失去了年輕時口口聲聲說人生精采就好，死亡沒什麼大不了的豪氣。

我問了身邊幾個不同年紀的朋友，要是換作自己，會不會決定動這個手術？原本我以為只有身體健康，對於自己的生活也都相當滿意的朋友，才會選擇甘心冒著這個可能餘生包著尿片臥床的手術危險，或是等待一兩年後如果手術有革命性的進展時才進行手術，而不是在可預知的、很有限的疼痛中，吃吃藥，照照放射線，繼續安穩地活最後兩年——幾乎每個人，最後都說會選擇現在動手術。

選擇活下來的可能，是人類求生的本能，也是趨吉避凶的基本道理，但是有幾篇醫學報導提醒我們，得到攝護腺癌的病人，通常最後的死因，並不是癌症本身，而是其他的慢性疾病，甚至意外身故，所以這少數派的醫生，並不鼓勵病人做冒險性很高的手術。

稍微回想，我的確時常聽到有些癌症的患者，在查出患有癌症之前沒有什麼病症，可是一旦查出罹癌，並住院治療以後，不久就離開人世，很多醫生指出這正是恐懼心理促使患者死亡的典型例子。癌症細胞的生長，往往是非常緩慢的，並不一定對人體造成多大的傷害，很多時候是因為有外界的刺激，才會快速蔓延，侵襲身體某些重要組織和器官。如果能夠抱持著平和的心態，合理的治療，通常可以緩解癌細胞增長，延長患者壽命。以往在人們印象中的癌細胞是絕對可怕的，只能用手術的方式來解決，不過，有些患者是不適合做手術的，於是，盲目地做手術，導致了很長一段時期以來，癌症患者死亡率一直居高不下。

癌症確實很可怕，美國目前每一個禮拜，有將近一萬一千個人死於癌症。

「這是多麼可怕啊！」我們掩面驚呼，似乎再度證實癌症對人類的威脅。

但是同時，卻很少人知道原來我們的世界上，每天都有兩萬五千個人死於饑饉。

如果勉強比較不幸的大小輕重，當然有失公平，但是難以避免的癌症，卻比可以輕易避免的饑饉，受到更多的關懷，有時候，我覺得能夠把「想活多久」當成一種選擇，非但不是不祥，反而是生命最大的奢侈。

不愛的代價

我在曼谷街頭看到一個阿桑用同一根竹籤，妳一口我一口跟一隻流浪犬分著吃烤肉，讓我想到聖雄甘地說過：「如果要判斷一個社會是否文明，看人們如何對待他們的動物就知道了。」

我基本上是同意的，但有時也會有讓我跌破眼鏡的時候。

兩三年前，我在報紙上讀到一則小小的新聞，是說墨爾本郊區西南邊Tarneit地方有個叫做安東尼（Anthony Sherna）的丈夫，因為同居十八年的老婆把他當作孩子般疼愛的狗吵醒，而殺了妻子蘇珊（Susanne Wild）的社會案件。

這個叫做安東尼的四十二歲男人，每天晚上會把心愛的狗狗當作小嬰孩般搖到睡著，結果因為五十三歲的妻子為了一張手機帳單，氣沖沖前來跟正在哄狗兒子哈寶（Hubble）睡覺的丈夫理論，嚇醒了哈寶，安東尼盛怒之下，先把狗放到洗衣房的狗床上後，回房間抽起睡袍的腰帶，勒死蘇珊，丈夫接著若無其事地到附近Werribee鎮上他固定去玩撲克機台的Plaza Tavern酒吧，待了四個小時以後，又去嫖了妓才回家睡覺。過了兩天後，蘇珊的屍體開始發臭，安東尼才用床單把屍體用繩子跟塑膠袋綁一綁，先把狗兒子哈寶送到狗狗專用的度假旅館去，然後回家在自家的後院裡挖洞埋屍，還在屍體上面種了一排樹。

這樁案件，聽起來無論如何都是這個小妻子十一歲的丈夫罪該萬死，可是幫安東尼辯護的女律師，卻辯稱被告之所以會這麼做，是因為長期不堪蘇珊的精神虐待。十八年來無論安東尼做什麼，蘇珊都看不順眼，動不動就叫他「軟弱的小王八蛋」，安東尼以前的同事也作證說，蘇珊不准安東尼下班以後跟朋友相處，他還因此遭受不少同事的嘲笑。

這對夫婦沒有朋友，也從來不跟鄰居往來，不曾外出度假，甚至連上餐館吃飯都沒有，可以說過著完全孤立的生活，如果有人敲門或按門鈴，蘇珊規定他們要假裝不在家，不准應門，不僅如此，安東尼做兩份工作掙錢，但是錢全數得交給蘇珊管，蘇珊每天嚴格限制安東尼只能抽十二根香菸，不准老公進家裡的特定區域，甚至不可以用家裡的廁所，規定他只能在辦公室或購物中心的公廁，用完廁所以後再回家，還不准安東尼跟家人透露住家的地址，但蘇珊喝醉的時候，卻會打到安東尼媽媽家大吵大鬧，甚至半夜打騷擾電話，每天上班時間也會打好幾次電話到辦公室查勤，還老是懷疑他有外遇，安東尼說他因此都很怕下班回家，弄得他屢屢萌生輕生念頭，他們分房而居——蘇珊睡主臥室大床，安東尼睡小客房的行軍床，十八年來蘇珊甚至不肯跟安東尼合照！

安東尼說即使這樣，他也不敢離開蘇珊，因為蘇珊威脅說她的哥哥還有前夫都是警察，安東尼怕萬一離開蘇珊，她就會對他家人，尤其是高堂老母不利。

法官最後判了安東尼十八年牢刑，諷刺的是，跟他十八年形同囚禁的同居生活，正好一樣。

我不禁想到緬甸語裡「結婚（ein htaung chya）」這三個字，直譯就是「掉入家的牢籠」，在這個故事裡是多麼貼切啊！

聽完這個故事以後，相信所有愛狗的人，自豪家教甚嚴的妻子，個性軟弱的丈夫，手機費太高的，沒什麼朋友的，老妻，少夫，抽菸的，喜歡打電話查勤的，家裡有人當警察的，分房睡的，愛罵丈夫廢物的，限制家人用完廁所沖水的，住太偏遠求救鄰居聽不到的，枕邊人的睡袍有腰帶的，今天恐怕都睡不著覺了。

沒有愛的生命，是沒有價值的，不信的話，問牢裡的安東尼就知道了。

親自動手屠宰晚餐

如果說我們沒有感受愛的生命，對我們就沒有價值，所以他們的生命就不足珍惜，這種論點也很荒謬。

但現代的超級市場生活方式，就天天支持著這樣的觀點，讓我們的情感跟現實冷酷地分開，因為不像在傳統菜市場，我們在超市看到的肉品，乾乾淨淨，沒有任何一滴血漬，甚至看不出動物的形狀，只是一塊純粹美麗的食材。

並不是我們無知到不曉得眼前的牛排來自於有一雙動人靈性眼睛的動物，也不是我們從來沒有看過母雞帶著小雞啄食的可愛模樣，而是在情感上，我們拒絕去把這些生命美好的景象，跟我們要吃下去的食物做連結，否則就是屠夫的骯髒、店家的噁心，但是無論如何，我們都不願意面對生命為我們而死的殘忍事實。

英國衛報綠色生活部落格一名部落客公開，臉書創辦人暨執行長查克柏格（Mark Zuckerberg），二〇一一年五月底在自己的臉書塗鴉牆上，向他臉書個人網頁上的八百四十七名好友宣布「我剛殺了一隻豬與一隻山羊」的訊息，而且從此只吃自己宰殺的動物的肉，許多人非常震驚，然而**我卻對這位身價數十億的年輕富翁，有了一份新的尊敬**。

查克柏格的這個想法來自矽谷一名叫庫爾（Jesse Cool）的廚師朋友，她跟查克柏格是加州帕羅奧多市的鄰居。她為查克柏格引介了幾位當地農民，由他們示範如何完美地宰殺他的第一隻雞、豬與山羊。

查克柏格後來在寫給媒體的E-mail中解釋，就像他前一年挑戰學中文，每年他都會給自己一個挑戰，「二〇一一年我個人的挑戰是，對自己必須吃的食物一直心存感謝。我想很多人忘記了，有生命因為你吃肉而死亡，所以我的目的是，不讓自己忘記這個事實，並對我所擁有的一切心存感激。既然我現在唯一吃的肉是我自己所宰殺的動物，……目前為止，這是個美好的經驗。我現在吃許多更健康的食物，並且在永續農作與動物飼養方面也學到很多。」

我對於人們選擇吃的東西沒有意見，對於葷的素的，有機的慣行農法的，也沒有堅持，但我真的認為，每個人都應該對吃的食物心存感激，並且不造成浪費，而不是試圖忽略食物的來源。因為大部分肉食者消費肉食過程，對於從飼養、屠宰、包裝各種環節，可以說都是一無所知，雖然多少都曾在電視或網路上，看到許多屠宰場使用非人道的方式來屠宰家畜，比如用電擊來殺豬，用鐵棒刺穿牛腦，然後牛還活著的時候就掛在鐵鉤上，割開喉嚨讓鮮血噴在屠宰場的地上，直到牛隻痛苦停止掙扎完全斷氣為止，這些都是便宜有效，卻讓動物延長受苦時間的殘忍屠宰方法，卻也沒有興趣深究。**如果自己動手使用人道方式屠宰，可以減少動物臨死所受的痛苦，這是一種負責任的吃法，我是舉雙手贊成的。**

伊斯蘭教徒如果不住在回教國家，通常很難購買到合乎宗教標準的清真食物，這時候就得自己動刀屠宰，像我一位住在台北的孟加拉朋友，每次買肉都得上環南批發市場，跟固定的肉販協議好，割喉嚨的第一刀要由他自己操刀，我個人也認為這是件很不錯的事，需要非常大的勇氣，中國的政務院也從半個世紀前，就公布通令，允許中國國境內的伊斯蘭教徒，在三大節日（爾代、古爾邦、聖祭）可以屠宰自己食用的牛羊，沒有私宰的法律問題，也免徵屠宰稅，並且放寬檢驗標準，就是一般人不大知道的政策。

除了魚貝介殼類之外，我對於屠宰的經驗非常有限，記憶中很小的時候，帶我長大的外婆要殺雞，白天家裡只有我們兩個人，所以我毫無選擇成了助手，聽指令拿了一大口的白瓷碗，裡面放了兩杯洗好的米，看著慈祥的外婆用一把刀，切斷了雞的喉嚨，我一面拿著瓷碗盛著溫熱的雞血，一面聽外婆再三向我保證這是殺動物最仁慈的方式。當時我很困惑，不大能夠確定她說的是否正確，因為在幼小的孩子眼中看來，這是很血腥的行為，但是長大以後，了解養雞場跟屠宰場的運作方式以後，當時看著雞血迅速盛滿白瓷碗的畫面，就漸漸變得溫暖了，後來住在倫敦的時候，即使很多當地人都不能接受早餐盤上愛爾蘭式的豬血布丁（blood pudding），但是我都很珍惜地把它吃完，好不好吃是另外一回事，但是**既然一隻動物為我們犧牲生命，只要能吃的，都不應該浪費，否則對於這已死的動物是不敬的**。

從死尊重生命

我有次在泰國跟緬甸邊境的勐族難民村時，正好遇到村民在森林裡面捕到一隻巨大的蟒蛇，有十幾公尺長，貧窮的村民很高興能夠加菜，搬運回村子裡要剝皮切塊，分送各家，剝蛇皮是勐族人傳統中只有男人才可以做的工作，但是當時大部分的男人都在田裡工作，村子裡的男丁不夠，於是就把我緊急召喚了過去，村人像拔河那樣將大蛇緊緊抱住，我用盡全身的力氣，將蛇皮完好無缺地從頭往尾部脫去，同行的外國人覺得我怎麼會做這麼可怕的事情，但是**我知道當我學會正視在我面前垂死的生命，無論是人還是動物，那一刻才是我了解如何珍惜生命的開始**。

後來我受聘到美國大峽谷一個印地安部落，研究如何解決當地大角鹿過剩的問題，了解到問題的本質是部落的規矩規定，一家人每年只能獵一頭大角鹿作為食物，不向自然多取非必要以外的生命，但是隨著部落老化，年輕人口越來越少，大角鹿的繁殖才失去控制，雖然每隔一段固定時間大批屠殺一批大角鹿，只留下適當的少數來繁殖，表面上就可以輕易達到數目平衡的效果，但是我卻對於部落耆老尊敬生命的哲學非常認同，所以努力地花好幾倍的功夫，去尋找能夠解決問題，又不違背部落精神的方法。

近年來，為了一個在美國境內另類能源的案子，我們計畫團隊幫助位在德州的大型畜牧場設立生產甲烷的設備，取代石化的天然瓦斯，我們所使用的原料，除了牛隻的糞便之外，更大量的是夭折的仔牛屍體，在接觸這個計畫之前，我從來不知道在現代工業化的大型牧場，由於環境與藥物的影響，竟然有那麼大量的仔牛一出生就面臨夭折的命運，甚至是死胎，我的價值觀沒有辦法理解畜牧工業多年來如何能對每天這些數以千計的「垃圾」視若無睹，但是我決定至少一定要幫助牧場用這些牛的屍體做為「原料」，生產出最大量最有效率的天然瓦斯，才不會浪費美好的生命。

所以當英國不少衛道人士認為，政府二〇一一年二月間通過法案，允許仿效其他幾個歐洲國家，用屍體焚化爐產生的熱能來作為暖氣來源時，我卻認為倫敦北方Warwick市民活動中心，能夠達到有百分之四十二暖氣跟室內溫水游泳池的熱能來自屍體焚化爐，對於死者的價值是一種無上的尊重，跟捐贈器官移植給需要的病患同樣偉大。

四川有一道名菜叫做滷兔頭，顧名思義就是一整個盤子的兔子骷髏，當地人每個拿起一個來就吸吮個精光，連眼球也不放過；法國人也吃兔頭，但是買來的時候眼球就已經被挖去了，所以看起來不那麼怵目驚心，滷好之後，廚師要用手把兔頭上的肉都剝下來，所以食客只會看到麵食裡面的碎肉，不會看到可愛的小白兔跟渾圓的紅眼睛。一般人都會說法國人的吃法文明，但是我卻覺得，事實恰恰好相反也說不定。

無論是砍一棵樹做成桌子或造紙，或是殺一條蛇讓難民營的村人加菜，我覺得本質上沒有差別，重要的是**這個生命的犧牲是否值得，我們是否抱著感謝和尊敬的心意**，否則即使是吃有機全素的行為，可能只是充滿傲慢與偏見的表現。也因此我瞧不起那些開生命玩笑的人，無論是企圖自殺的，走險用身體運送毒品的，運動員為了勝利而使用禁藥的，或是以大量吸食毒品為娛樂的，甚至以極限運動之名挑戰沒有必要的危險的，在我眼裡都不如世人眼中的宅男查克柏格勇敢，選擇從此不上餐館，只吃自己屠宰的動物，真正了解生命交換的價值。

生死不容人類多管閒事

自從《The Cove（血色海灣）》的紀錄片問世，暴露日本和歌山縣、靜岡縣及高知縣的漁村，每年用非人道的方法，大批獵殺海豚作為食物之後，舉世譁然，幾乎一致抨擊這個野蠻的傳統。

愛護動物的人相信海豚是人類的朋友，認為牠們聰明、友善，古今中外都有很多牠們拯救溺水的人類，或是幫人將鯊魚趕走的故事。還有相信動物治療的人，相信讓自閉症患者在水裡跟海豚一起游泳玩耍，可以大幅改善他們的症狀。其實這理由十分牽強。因為今天要不是海豚對人類有這種「妙用」，就可以像鯊魚這樣隨意撲殺。

支持獵海豚的人，則是提出尊重民族及地域傳統的論調，或是防止海豚把漁人的漁獲吃掉。這理由也沒好到哪裡去，因為吃海豚在日本根本不算什麼傳統，日本開始吃海豚只是戰後因為貧窮，糧食不足的權宜之計。更何況，傳統也不是不能更改的，不然我們到今天就還會繼續強制黥面，把牙齒染黑，切除女性生殖器，用生人血祭、獵頭、纏足、毫不猶豫剁掉小偷的手。

日本從德川時代就有漁民捕海豚的記載，但不是作食用，跟台灣漁民獵捕海豚的原因相同，主要是防止牠們吃掉海中的魚，減少漁夫的收穫。但是硬生生地把我們不喜歡的動物，從食物鏈中剷除，是人類獨有的傲慢心態。地球上的生物之所以能夠生生不息，是因為各生物在食物鏈中，能夠維持微妙的平衡。當我們刻意移除一個掠食者的時候，可能反而會破壞這個地區的食物鏈，而導致所有生物的滅絕。因此重點要了解食物鏈，就像當年我試著理解印地安部落的大角鹿，我必須要知道減少到什麼樣的數量，以及雌雄老幼族群的恰當比例，才能達到平衡，鯨豚類與牛羊等養殖的動物不同，作為海洋食物鏈中層級最高的物種，數目本來就不多，當我們減少海豚數量的時候，等於拯救了被海豚掠食的其他魚類，故此鯨魚的數量增減，會大幅影響海中其他魚類的數目分佈，嚴重時足以再影響其他高層級動物的存亡。所以重要的是，日本這些地方的獵海豚行為，是否已經成為當地食物鏈平衡的一部分，如果不是，自然就應該禁絕，確實是維持生態平衡的話，重點就應該放在改進為符合人道的屠宰方式。

我曾經看過一個研究加拿大海豹數目銳減的案例，加拿大政府曾一度把原因歸咎於鱈魚捕魚業，減少海豹的食物來源，因此限制捕鱈魚，經多年研究後，才發現與過度捕鯨有關，因為過度捕鯨使大量吃微生物的其他魚類得到更多食物，這些魚類數量大幅增加，沿食物鏈累積，最後大幅增加了鱈魚的繁殖率，然而鱈魚是一種難以消化的魚類，當鱈魚大量繁殖，並且霸佔了可供海豹食用的魚類時，開始導致海豹營養不良，脂肪層不足以產生足以禦寒的厚度，最後凍死。

最諷刺的是，加拿大政府在還沒有找到正確原因前，以為鱈魚太少才會造成海豹糧食不足，所以對於捕鱈魚加以嚴格限制，沒想到卻讓問題雪上加霜，由此可以知道，即使是出於善意，**人類要用自己的想法跟智力，重現自然界的平衡，是非常困難的，往往只是多管閒事，反而傷害更多的生命。**

老人的兒童節

隨著父母的年紀越來越大，生活圈越來越窄，我意識到距離和他們生離死別的時間也無可諱言地越來越近。

很早以前，我就安排好了今年四月初回到台灣工作，可能脫離現實太久，回到台灣才發現大家都在放假，什麼都不能做，以至於突然多了跟家人相聚的時間，從來沒有在過年團圓習慣的我們一家，這次竟然湊巧都齊聚在台北，感覺上像十八年一次的「超級月亮」同樣稀奇。

個性活潑的母親，力邀父親跟她一塊去朋友家參加聚會，聽說那天是Xbox+Kinect保齡球大賽。

說什麼也不肯去的父親，被逼問多次以後，終於用像坂本龍馬那樣蓋世的氣勢，大聲說出了男人的心聲：

「一個大男人，沒事去別人家玩，成何體統！」

聽到這位受傳統日本教育，一派嚴謹的老先生，義正詞嚴地說出這種亂七八糟的話，我們都忍不住爆笑起來，在父親心目中，除非出生、弔唁這樣的大事，否則鮮少進別人家門，拜年都沒有，更別說串門子了。

母親於是一如往常地開始抱怨起，當年為何眼光那麼差，嫁給這樣一個毫無生活情趣的男人。母親又強調，保齡球真的很好玩。

說父親不懂生活，好像也不全然正確，印象中小時候，下了班的父親是當地保齡球隊的隊長，晚上吃過飯就提起球袋去保齡球館了，留下稚齡的我跟母親一起在日式木房寬闊的榻榻米上練習瑜伽，窗外星斗燁燁。

「記得嗎？有時候周末比賽，孩子們跟去助興，表面上是去幫父親加油，其實是好想喝一瓶玻璃罐的華年達橘子汽水……」我跟姊姊走在光華商場，一面尋找賣遊戲機的店家，「但是也很奇怪，媽媽怎麼會突然想玩保齡球呢？」

姊姊停下來，用充滿懷疑的眼光看著我：

「你忘了嗎？我們小時候，媽媽才是保齡球隊的啊！周末爸爸都跟朋友出海去釣魚，根本不在吧？」

「媽媽不是教池坊插花，還有瑜伽的嗎？」我吃驚地說，「我們的生母真是同一個人？」就在這爭執不下的同時，我也才生平第一次發現，手無縛雞之力，走路都會跌倒的姊姊，原來在學生時代竟是擲鉛球的代表選手，腦海裡立刻浮現哆啦A夢裡技安的妹妹。

「你們到底要不要買？」店員用愁苦的口氣，打斷我們的憶苦思甜。

結果我們一時緊張，就買了沒什麼人氣的Wii，癡愚兩姊弟想學習買筆電的大學生來個討價還價，結果愁苦的店員，有備無患地指著背後手寫的綠色書面紙，上面寫著「哭了又跳樓」。

「啊！這家銷售是走悲情路線的！」我恍然大悟地跟姊姊說。

店員聽到了也毫不否認，

「我的開價才賺你五十塊當然很悲情啊！」

接下來的兩天，男女老幼一家三代人都站在螢幕前面玩Wii，父母家中客廳久違的大笑聲不斷，我們都覺得，早知道他們兩個老人家這麼愛玩Game，為什麼不早兩三年Wii剛出的時候就買了呢？也省得母親老是跑到朋友家去玩，留下父親自己在家當老宅男。

到了傍晚時分，我們才想到玩得連午飯都忘記吃，於是暫時放下遙控器，一家人去巷口吃湯包。

女服務生看到我，熱情地揮著濕抹布問候：「你特地從國外回台灣掃墓嗎？」

我們全家愣了一下。

我趕緊用求救的眼光看著父母，但是每次到這種緊要關頭，他們突然就都聽不懂中文了。

「ㄟ……我們家好像沒有……」我有點尷尬地說。

「就那個啊！」女服務生怕我們不懂，還很熱情地比手劃腳，「大大的，圓圓的……」

「我家沒有大大圓圓的那個。」姊姊也用很抱歉的口吻說，好像我們做了什麼很不體面的事情。不知道為什麼，在人聲鼎沸充滿歡樂氣氛的湯包店裡，好像「掃墓」兩個字相當難出口。

「妳家呢？」我忍不住回問。

「我家超大的！」她用那種小時候比看誰家模型飛機比較大台的口氣，很豪邁得意地說，「每次一去都一百多個人，還要包遊覽車……」

「還要拿開山刀在前面開路……」我開玩笑地說。

沒想到她好像找到知己，立刻說：「對對對！拜完還要吃飯，一百多個親戚耶！真的很累，所以我就找理由說要上班，沒有回去。」

後來我們就抱著「苗栗鄉下掃墓真氣派」的印象，回家繼續玩我們的Wii了。

下次經過那家湯包店，一定要記得跟那女生說，我其實是回來幫七老八十的父母過兒童節的。

享受生命：向Phi Phi島乾杯！

每年雨季結束以後，我就會跟幾個朋友，出發到泰國南部的Phi Phi島，住在一個沒有什麼遊客，只有靠小船才能夠抵達的海灘，這個海灘上蓋了一排簡單的高腳竹屋，躺在簡單的床上，每天早上醒來第一件事，就是從竹子跟竹子之間的空隙，看蔚藍的大海，如此溫馴，又如此深沉。還來不及吃早餐，我就拖著獨木舟，先下水沿著海灣滑行，感覺這是個距離理想中的天堂，非常近的地方。

經營這個小客棧的，是個能幹的中年女人，還有她年邁的母親。因為這裡去哪裡都很不方便，唯一的娛樂就是一張斑駁的彈子檯，牆上有個紙盒子，想打撞球的就自己扔錢，彈子檯旁邊還放了一台老舊的理髮躺椅，旁邊就是一個收集雨水的大甕，變成簡單的美容室，再過去就是只有小炭火爐的廚房，老太太在這裡，可以瞬間就變出幾十種不同的菜色，像魔術師一樣。除此之外，這裡幾乎什麼都沒有，但也什麼都不缺乏，在這裡時光彷彿停格，日升日落，月升月落，除了偶爾有幾艘漁船跟潛水客的船經過，幾乎看不到人煙，有時候我甚至胡思亂想，如果哪一天核子戰爭爆發，我就可以躲到這裡來，安安靜靜地過著與世隔絕的餘生。

因為一切太完美了，我很難想像，大海嘯吞噬這一切，都還是不到十年前的事，記得在二〇〇四聖誕節的後一天，這裡是個完全不同的世界。有一個當地的水上活動導遊，是這個小客棧老闆娘的親戚，他的名字叫Komrun Sorsumboon，但是大家都只叫他的綽號「Champ」，是老大的意思，我想這個綽號的由來，不見得是他的潛水技術很好，而是隨時看到他，總是帶著像冠軍選手般自信滿滿的笑容。

海嘯當天早上，毫無預警的大海就像往常一樣美麗，他帶著一群浮潛的客人出海去離岸邊較遠的珊瑚礁賞熱帶魚，當時他只覺得這天的水比較混濁，海潮比較強，除此之外沒有什麼異常的地方，所以就繼續浮潛，渾然不覺，直到當天下午回到Phi Phi島的岸邊，才被眼前的景象大為震驚，原來美麗的熱帶天堂，卻只剩下一堆斷垣殘壁，橫屍遍野，他們巧合成為這場災難的倖存者。

Champ接下來好幾個月的時間，都加入清理跟重建的工作，我跟友人也是因為參加救災，才認識Champ的，因禍得福，重建基金的補助，讓他終於有機會可以接受夢寐以求的潛水教練訓練課程，成為正式有牌的潛水教練，掙錢當然就比先前只當浮潛導遊多了不少。

至於我們幾個朋友，自從當海嘯重建志工，這些年來，每年只要雨季結束工作較為空閒的時候，都還會相約回到Phi Phi島來，看著新的Phi Phi島在亂石廢墟當中重新生長，在市區閒晃的各國年輕背包客，恐怕根本就不知道，也不在乎海嘯的故事吧！

偶爾，我會想喝一杯現煮的熱咖啡，這時就得划獨木舟到半個小時之外，觀光客聚集的咖啡館，每次我都會翻著老闆珍藏的重建紀錄相簿，還有環顧牆壁上貼著的泛黃照片，如果不特別尋找，根本看不出當年災難的痕跡，我並不感嘆人對災難的健忘，但是我讚嘆人的生命力與堅韌，畢竟活在悲傷之中，並不是對犧牲者表達尊重的唯一方法，來Phi Phi島的人，都是為了享受生命而來的，所以或許帶著對大海嘯的殘酷記憶，努力享用這個熱帶島嶼所給予我們的美好，才是對大自然最大的敬意。

第7樣
禮物

著迷一件事：
成為某種專家
甚麼專家都可以

只要專業，一輩子就受用無窮了，
真的不用當第一名。
至少我是這麼想。

沒有太冷門的專業，只有不專業

很多人對於我的專業感到很疑惑，甚至連家人都時常搞不清楚我每天都在幹什麼，更別說是朋友了。

但有一點是很清楚的：我不但沒有餓死，而且還是身邊許多朋友公認「活得最爽」的那個人。所謂「活得爽」，並非每天無所事事，茶來伸手，飯來張口，而是我**每天大部分的時間，都得以做喜歡的事情**。

我的兩個專業，一個是在世界各地跑來跑去的NGO顧問，另一個是寫作。

這兩個領域，在社會上都不算怎麼熱門，也沒有幾個因此名利雙收的，更慘的是，我在這兩個領域，可能也不算是什麼頂尖高手，不信的話，只要比較一下我跟其他NGO顧問的收入，或是去書店問問褚士瑩的書銷售數字如何就知道了，但是我發現，**就算不用當第一名，不用當大師，只要是個兢兢業業不馬虎的專業人，對我微渺如滄海一果蠅般的生命，支持自己走在夢想的路上，「活得很爽」，已經綽綽有餘了**。

獲得普立茲新聞獎或許很難，可是當一個好記者並不難。

當一個名震八方的中央銀行總裁很難，當一個好的會計師並不難。

當一個神醫很難，但是當一個病人心目中的好醫師並不難。

獲得奧斯卡金像獎很難，但是認真當好一個媒體幕後工作人員卻不難。

只要專業，一輩子就受用無窮了，真的不用當第一名。至少，我是真心這麼想的。

或許是物以類聚，我身邊的朋友也充滿各種冷門的專業人士，而且大多是半路出家的。

阿根廷長大的台灣醫生正傑，也是我在美國的鄰居，利用其他華籍醫師沒有的語言專長，專門為波士頓地區只會說西班牙文的低收入戶，甚至非法移民看病，成為當地拉丁美洲裔的族群心目中的英雄。

高中以後就以理髮師為生的美國朋友法蘭克，因為頂上功夫手藝平平，入不敷出，只好晚上兼職去洗腎中心當助理，又去護校夜補念到正式護士資格，五十歲以後成了在豪華郵輪上，世界上第一個也是唯一一個海上洗腎中心的護理人員，也因此完成一面工作一面環遊世界的夢想。

原本為了實現家人心願，勉強在紐約亞裔人士聚集的法拉盛開診所行醫的菲律賓朋友瑞，在父親去世後終於可以放心地關起診所大門，開始去作麵包店學徒從頭學起，成為世界級的行政主廚，也實現了在北京紫禁城旁邊開一家米其林餐廳的宏願，前一陣德國漢莎航空還特別邀請他設計頭等艙的菜單。

當我第一次去馬紹爾群島工作的時候，驚訝地發現這個南太平洋小國中央銀行的總經理，竟然是台灣人。這些追尋夢想的朋友共同教我的一件事是：這個世界上沒有太冷門的專業人士，只有不夠專業的人。

來自美國的電腦教授Michael Schneider（麥可・史耐德），並不是什麼電腦天才，既沒有被延攬去參與NASA太空總署的火箭設計，也沒有創造出什麼網路新技術，但是憑著三十年電腦教學的專業，他和教育專業的妻子，有辦法靠著各自的專業，透過他所任教的大學，進行了十五次短則一個月、長則九個月的工作假期（working vacation），到世界上各個有趣的角落，從不丹（六個月）到肯亞，從辛巴威到土耳其，蒙古（三個月）到尼泊爾（一整個暑假），去做專業而有趣的事情，同時深入當地文化，還可以賺錢，也不需要辭掉原本的工作，正因為他相信每個專業人士都可以做到，所以還寫了一本書，書名就叫做《讓別人出錢（On The Other Guy's Dime）》，副標題則是「教專業人士如何不用付錢就能旅行（A Professional's Guide To Traveling Without Paying）」，前提不是如何不用付錢，前提是你必須是個有專業的人，不管任何領域的專業人士，不用有博士學位，不用是醫生或工程師，也不用像作者本人是電腦專家，都可以像他們夫婦一樣——即使是失業中的、有家庭有小孩的專業人士也不例外。

來自堪薩斯州專門建造高爾夫球場的景觀設計師，到不丹設計第一個十八洞的高爾夫球場。

來自紐約的廣播電視人，到蒙古協助建立新聞聯播網。

交響樂團員，趁著沒有表演的季節到吉隆坡去培訓年輕的指揮家。教育工作者受聘到模里西斯進行學前兒童教育的評估。

作者還舉了許多在冰島、斯里蘭卡、馬爾他、烏克蘭、以色列的例子，對於那些覺得他特別幸運的人，史耐德教授都會更正說，這並不是天上掉下來的好運，而是如何用專業的敏感度，將報紙角落一則不重要的小新聞，變成值得去申請補助的企劃案，或鼓起勇氣打國際電話給陌生人，在整本書最後還強調，只要專業夠強，無論什麼專業，必然有外國機構願意付費借助你的才能。

身為一個冷門專業的工作者，我看到很多熱門的專業，因為人才很多，競爭也很大，但是老老實實把冷門的專業做好，老實說就算不是頂尖人才，只要夠誠懇，也絕對餓不著。

許多人以為成功的秘訣是肯幹，什麼都願意做，英雄不怕出身低，但是我最怕明明學有所長的人，卻洋洋得意地去做一些沒有專業性的事情，卻又做得馬馬虎虎、差強人意，還以為這就叫做能屈能伸。

更嚇人的，是大學，甚至研究所都畢業了，年紀明明也不小卻還沒有專業的人，勉強也只能算是「專業學生」，對於人生和夢想的浪費消磨，在我看來是很不可思議的，這是為什麼每每有年輕人問我他們未來該做什麼，才能同時完成夢想的時候，我都只能聳聳肩說：「做什麼都可以。」

因為只要有專業，無論是修車還是冶金，捏陶還是跳舞，把夢想變成專業，這輩子真的做什麼都可以。

常常被問到的十五個問題

一個勞工職訓相關的公家部門，舉辦了職涯Q&A的活動，邀請我作為駐站專家回答上班族對我的問題，看到這裡的讀者應該都已經很知道，我真的很喜歡Q&A，所以經過一個月公開徵求提問之後，我發現大多數的上班族對於我這冷門專業的問題，都不脫這十五個：

1.你投身公益是否曾受到誰的鼓舞？改變的動機是什麼？

A：當我決定參與NGO工作前，我想清楚一件事：我不能為了想幫助別人，改變世界，讓自己變成需要別人幫助的對象，改變別人的世界來完成自己的夢想。

我也很清楚，選擇這個專業，不是頂著光環為了別人而做，希望別人讚美，而是自己真心想做，在這過程當中成就自己的生命。

把夢想變成專業，
這輩子什麼都可以做！

公益跟志工不一定要畫上等號，把公益當成一種嚴肅的專業去追求，可以補足志工制度的缺口，我想向自己證明專業的NGO工作者不但不會餓死，還可以作為一種不失優雅的生活方式，這一路上我遇到許多比我做得更好更專業的人，給我更多力量，看到更多可能。希望我自己有一天，也能提供給想要這麼做的人這種力量，能夠安心去追求夢想。

2.在「公益旅行」，也可說「公益履行」這條路上曾感覺心灰意冷、快要失去熱情嗎？如果有，如何克服障礙，繼續堅持下去？

A：我對公益旅行的精神從來沒有覺得灰心，也堅信這對於學習用不同的角度看待世界是一個很有價值的學習方式。所謂的障礙，是有些公益旅行本身設計不良，有些則是參加者的「專業技術」跟「心理技能」不足，以至於無法發揮應該有的效果，這些都是在不斷的經驗累積下，可以慢慢進步的。

3.身爲所謂的「公益旅行家」，工作中最觸動你心的部分是什麼？你對自己工作的期許是什麼？

A：我希望能看到自己帶著謙卑的姿態，到世界各個角落去學習，去傾聽，和陷入困境的NGO或社區組織共同整理出問題的癥結，抽絲剝繭找出解決問題的線索，然後用專業的方式，而不是悲情的訴求，尋找外界的資源，這資源不能太少，讓夢想打折扣，也不需要過多，造成社會的負擔，讓珍貴的資源能夠剛剛好足夠啟動，剩下的，就要放手讓在地社區或機構來決定他們想要走的方向跟目的地，這時我要學著全盤地支持跟信任，就算當地社區做出錯誤的決定，也要支持到底，就像學騎腳踏車一定會跌倒幾次一樣，不要害怕短期的失敗，學習看到長期的價值，這些反覆的過程也教會我用同樣的方式，來看待自己生命的價值。

4.家人支持你從事目前的工作嗎？如果家人不支持，你會如何說服他們？

A：家人是支持我的，如果家人不支持的話，表示我肯定哪裡做得不周到，比如說是不是入不敷出，造成家人的憂慮甚至經濟負擔，或是溝通得不夠，讓家人無法看到我做這個工作的價值，畢竟家人是我們生命中的VIP，客戶服務一定要先做好，如果連家人都感動不了，我很難想像要如何感動陌生人。

5.毅然決然放棄高薪工作的勇氣是從哪來的？曾經想過如果失敗的話有其他的退路嗎？爲什麼？

A：收入到了一個程度的時候，我意識到食衣住行的需要是很有限的，超過了真正的需要，多出來的錢就只是一個數字罷了，對於生命並沒有太大的養分，反而會變成一種心理負擔，所以我決定只要永遠比夠用多一點，我就永遠不需要去看銀行帳戶裡有多少錢，對我來說這就是最簡單的幸福了。

既然我從來沒有想像自己名片上非印著什麼樣的職務不可，或者薪水多少、有沒有配車，所以也就沒有所謂的失敗。如果需要餵飽肚子，我永遠可以到澳洲或紐西蘭的農場去打工採果，一個月也會有十二萬台幣的收入，還可以在戶外工作鍛鍊身體，所以有什麼好擔心的？

6.怎麼克服外在難題和心理障礙，讓自己有勇氣去做自己想做的事？

A：保持運動的習慣。

我深信，就算不是運動員，也要透過運動的習慣，保有運動員的心態。

運動員的心態是什麼？試想，在競爭激烈的運動場上，冠軍肯定只有一個，但是獲得冠軍的人，有時不一定是實力最強的人，卻是在比賽中發揮出最佳表現的人。

運動競賽，要求運動員在消耗巨大身體能量時，也須付出巨大的心理能量，才能發揮最佳表現。生活上何嘗不是如此。

每天運動的習慣，就是對自己最好的提醒。

7.你對於正在勉強從事不喜歡的工作的人有什麼建議？讓他們去找到工作的樂趣、在工作上

更加投入？

A：如果一份不喜歡的工作，一個月卻賺不到十二萬台幣，那不是侮辱自己珍貴的生命嗎？還不趕快辭了？我不反對為五斗米折腰，但是為一斗米？那叫做自虐。

8.對於有心要從事國際公益活動的學生，有什麼具體建議？

A：想要從事國際公益活動前，有兩個功課要先完成，一是要有起碼長達一個月自助旅行的經驗，二是要在國內的公益團體養成固定參與的習慣。兩樣都沒有做到的人，就算勉強出國參加公益活動，不但個人收穫會很有限，甚至會造成對方社區的負擔。

9.你認爲台灣哪些地方最值得前往旅遊？爲什麼？

A：這個美好的世界，每一寸土地都值得去探索，對我來說沒有不值得去的地方。但如果看到美好的山水當中，蓋著破壞景觀的醜陋鐵皮屋，請順便去跟主人說一聲「真的很礙眼」，每個人經過都說一聲，遲早會覺得羞恥而拆掉吧？

10.你覺得此生一定要去的國家是哪裡？爲什麼？

A：夢想在哪裡，就去哪裡，哪裡都好，地球是圓的，沒有分好地方跟壞地方。

11.在旅行途中遇到的人、看見的風景、遭遇的事情，至今讓你最難忘的是什麼？

A：高中的時候，我第一次存夠足以當背包客旅行的一點費用，因為錢不多，能去的地方自然也無法太遠，所以我到南亞的印尼去，這大概是我人生第一次到海外長住的經驗，雖然當年的旅行細節已經朦朧，但每當我被問到為什麼我決定在NGO組織工作的決定時，都還是必須追溯回到那年暑假，那個夏天我所見所知，對我的影響是什麼？剛開始的害怕是什麼？疑問又是什麼？如何學會觀察別人，卻不去做價值判斷，又如何學會感動，如何接受陌生人的善意。

當時為了節省旅費，常常搭夜車到目的地，不但節省白天花在長途交通上的時間，也省下了旅館的住宿費。或許這樣的克難旅行方式，讓我看到即使印尼當地的中產階級也看不到的貧困景象，每天早上當火車或是巴士停靠在車站，我一推開門走進喧囂之中，迎面而來迎接我的，不是燦爛的朝陽，也不是清冽的空氣，而是一雙雙伸出來向我乞討的小手。

那是個我永遠不會忘記的夏天。

12.你寫的旅行故事都是眞的嗎？你出國最怕遇到什麼情況？

A：寫假的幹嘛？真的都寫不完了。（笑）

出國遇到獅子老虎也就算了，但是最怕遇到同鄉來跟我拍照、簽名，真的很尷尬啊！

13.你覺得生命中最重要的事情是什麼？

A：找到自己，知道自己的「天命」，然後勇往直前。

14.你如何定義「金錢」？你怎麼衡量「金錢」的重要性？

A：錢不見得是越多越好的東西，真正的富足是永遠比夠用多一點。至於夠用的定義，就看個人的修養跟智慧了。我發現修養越差、智慧越低的人，擁有越多錢，會越覺得飢渴與不足，就像腦容量非常小的松鼠，只要看到毬果，就會忍不住據為己有，抱去埋在土裡，但是埋在哪裡卻怎麼樣都想不起來，所以就日復一日、年復一年拚命採更多的毬果、埋更多自己永遠找不到的毬果，卻永遠覺得不夠，至死方休。

15.如何做個自己喜歡的人？

A：十九世紀以來，歐美人對日本少女的美著迷，文獻當中記載安政五年（一八五八）卡廷迪克指揮咸臨丸航海演習時訪問鹿兒島。看到當地姑娘「穿著薄如輕紗的和服，披著濃密黑髮」，卡廷迪克自己也醉心於日本姑娘「美得無以言表的長髮和巧致的髮髻」，荷蘭水兵都興奮地對他說：「從來沒有見過如此場景。就在這兒下錨吧，我們哪兒也不想去了。」

但是當時的歐洲人也知道，嚴格地來說日本女性不能算美，霍伯納說「她們一點也不美。顴骨有些過高，眼角過於細長，而且厚厚的嘴唇缺少纖細感」，但是讓歐洲人醉心的美，來自於「她們歡快、淳樸、賢淑、天生優雅」，讓人感覺非常親切，感覺好，長期在日本生活的外國人，審美觀不知不覺就改變了。看慣了身材矮小、穩重矜持的日本女人，就覺得自己國家的女性不夠優雅，甚至粗野而帶有攻擊性。

所以做一個讓人感覺好的人，才是美麗的真正條件。

對於庸碌的恐懼：回覆一封來自二十四歲職業軍人的信

回答這一連串的問題之後兩天，我收到一封二十四歲現役軍人讀者Ben的來信，他說已經在考慮退休開始事業的第二春，這應該算是另類的上班族吧？

他說，他是職業軍人已經服役五年多，明年就可以屆滿退伍了。但是他的家人都不希望他退伍，父母覺得這個工作很穩定又有固定薪水，可以不用煩惱之後的生活。

他看了我的許多書，也聽了我的演講，讓他心中想要壯遊的基因蠢蠢欲動，他明年二十四

用以下15個問題也來問問自己：

1. 你改變的動機是什麼？
2. 快要失去熱情時，如何克服障礙，繼續堅持下去？
3. 你對工作的期許是什麼？
4. 如何獲得家人對你的支持？
5. 現在最恐懼的一件事？
6. 如何讓自己有勇氣去做自己想做的事情？
7. 想想自己的工作樂趣？
8. 安排一次自己的自助旅行。
9. 台灣的好所在你最喜歡那裡？
10. 一定要去的國家是哪一個？
11. 旅行中你最難忘的是什麼？
12. 生命中最重要的是？
13. 你對金錢的看法？
14. 你的自信從何而來？
15. 你愛自己嗎？

歲，再不做他就什麼機會都沒有了……

我的回答是，趁接下來的一年，為自己做一些準備，我在澳洲打工度假的廚師朋友鼎儒，先在台北一家很棒叫做「貓下去」的小餐廳裡工作了很久，成為餐廳裡不可或缺的一員之後，才去雪梨的餐館打工度假，因為他打工度假期間能做的事情，就更接近自己的夢想了，如果是去農場清掃牛廄，去採收葡萄，當然也能長見識，但跟你結束打工度假回到台灣後，想要做的餐飲工作相關，不是更好嗎？

我又舉了馬友友的例子：二〇一〇年，大提琴家馬友友的唱片公司，為他三十年的音樂生涯，做了一個九十張CD的紀念全集，當時有媒體採訪的時候，問他這三十年來學到了什麼，他說：「我這三十年，有很多的時間在了解自己是誰，以及我在世界的角色應該是什麼。」

馬友友從小就嶄露才華，六歲時從巴黎移民到美國，還是孩子的時候就在白宮演奏，卻也跟平凡的你我一樣，有生活的框框，時間到了馬友友也跟其他人一樣成家立業，生小孩、買車子，擔心這個煩惱那個，但不會有人說他庸庸碌碌過這一生。**了解自己，知道自己的位置，做好在世界該扮演的角色，不見得就是一種失敗**，但是如果為了掙脫框框，而失去了原有的家人支持和生活軌道，是不是就代表成功？是不是框框就會因此不見？還是搞不好會跳進一個比原本更小的框框？

長大就是這樣，會發現真實的人生不像在學校考試，沒有簡單的標準答案，雖然煩人，卻也更真實，更值得追求。

家人不一定是對的，但家人應該永遠是我們生命當中的VIP，VIP的客戶服務做好了，他們就會變成你實行夢想最大的支持者，否則一意孤行追尋夢想的同時，這些對你滿意度很低的VIP還會變成你的阻力，不是很辛苦嗎？

馬友友花了那麼多年的時間，才逐漸找到自己在世界上的位置，那麼我們這些凡夫俗子，花一點時間找自己，應該也不算過分吧？如果現在就跟家人約定好，接下來的一年，你一面維持原本的工作，一面透過上課或實習來嘗試餐飲業，最快二十五歲，最遲二十八歲之前辭職，留給三十歲前的自己兩年去海外打工度假，這樣的決定，對家人來說就不會太突然，接下來的一年到三年之間，也有充足的時間跟機會向自己、向家人證明你的決心，說不定到時候，你的VIP客服做得太好，或是麵包比吳寶春的還讚，換成是家人不斷鼓勵你辭職，出國進修也說不定呢！

人生很長，很多決定看起來很急迫，其實只要是好的決定，不論什麼時候開始都不嫌晚，因為我很相信只要循著夢想的方向，畫出清楚的地圖，一定會越來越近，雖然沒有人能保證，我們都能夠到達目的地，但只要能夠一直走在夢想的道路上，就是夢想實現。

不要害怕庸碌，庸碌不可怕，可怕的是像台灣超級馬拉松好手陳彥博說的：「如果你只為了自己去拚，只想證明自己是什麼樣的人，最後一定很寂寞。」

一篇沒有題目的作文

我有時候很羨慕有些大剌剌寫著「本篇為自由文」的部落客。不需要題目，其實比被規定好題目，要困難得多。這跟畫完一張圖後，因為想不出適合的題目所以標「無題」，是很不一樣的。

因為人生，就是一篇沒有題目的自由文。

我從小在作文課〈我的志願〉裡就寫著想當農夫的憧憬，但這並不代表我一直知道自己的天命要做的工作。進入NGO管理顧問這個領域之前，我知道這決定有點像選擇出家，一旦決定剃光了頭就不該回頭，所以一定要準備好。

很多人一輩子都在準備，但從來沒有準備好的時候，我很擔心自己也變成這樣的人，所以我給了自己一個期限——三十歲生日。三十歲一到，就要義無反顧地走入NGO的道路了，在這之前，我有三件事情一定要先做到：我要有NGO的專業學識、要有一般NGO人欠缺的經營跟管理經驗，還要在財務上寬裕不拮据。

為了達成第一點，我克服對念書還有美國的厭惡，進哈佛大學的甘迺迪政府學院，去學習公共政策，分組時選了國際NGO的管理，同時開始在國際發展中心教授的介紹下，從波士頓當地的新英格蘭水族館，還有幾個美國境內的印地安部落開始，進行社區發展的計畫案，這是我「練功」的階段。

第二點就比較難了，因為生長在一個公務人員的家庭，全家沒有人知道怎麼做生意賺錢，為了得到管理跟經營的經驗，我克服對賺錢的排斥，進了美國科技業的上市公司，從項目管理開始做起，逐漸接觸到客戶服務跟管理經營，利用每六個月到一個不同的國家、城市開設新分公司的機會，練習怎麼在最短的期間內，知道要花多少錢跟資源，才能建立一支優秀的團隊，學會成本的概念，還有管理的技術跟用人的藝術。

第三點，沒想到比第二點更加困難，因為我完全無法預估一旦轉戰NGO的領域，以顧問的身分，是否能夠賺取足夠的生活費，所以從決定轉業的幾年前開始，就從波士頓高級的住宅區，搬到郊外廉價的老房子跟人分租合住，原本兩台車也賣了一台，連加油都挑便宜的加油站，每周外食的次數也減少，把省下來的錢都攢下來，預計轉業後的頭兩年，為了要以新人的姿態，證明我的誠意跟能力，就算在NGO組織兩年不拿薪水，純做義工，也要能夠咬牙在財務上支撐下來，千萬不能為了錢而陣亡！而且不只自己夠用就好，還要能夠把要給父母每個月的零用錢，也都預先存好，畢竟三十歲了才讓父母開始擔心孩子會不會餓死，似乎有點殘忍，所以無論進入NGO領域後收入如何，都不能讓家人有所顧慮，否則在家裡連孝順都做不到，憑什麼資格去幫助陌生人？

很幸運的，這三個我自己設定的功課，都在期限前做完了，回頭看看自己轉換職涯的故事，發現職涯與生命，就像一篇沒有題目的作文，想當人生夢想的專家，要洋洋灑灑地寫，也要知道怎麼好好收尾。

專業，讓我們更懂得珍惜自己

每個人終其一生都在找尋自己，所以當我們在追尋生命答案的同時，怎麼知道自己的問題夠不夠好？因為不好的問題，就像不正的地基，不會帶來好的答案，像是環遊世界，本身就是一個太快速能夠實現的夢想，除非作為專業，老實說並不值得追求一輩子，因為任何人只要有六萬五千台幣買一張最便宜的環球機票，有一年的時間，或是三十歲以下，辦張打工度假的簽證，甚至用更少的錢就都可以做到，太過簡單，因此不能算是個好問題，只是一個起點，就像我常說的：旅行只是美好人生的第一步而已，至於那些值得一輩子追求的問題，像是和平，像是農業的未來，像是全球氣候變遷等，才是值得追尋答案的好問題，要怎麼樣才知道自己在做一件值得做一輩子的專業？我歸納出三個標準：

做的同時，我並不覺得累；

就算要求我停止，我也停不下來；
和我一起工作的人，都是我所敬重的專業人士。

因為我相信，沒有專業的夢想，就沒有太大的價值。我在網上跟之前在「貓下去」餐廳工作的鼎儒聊天，問他作為一個餐飲界的職業新星，如何下決心決定離開一個營業蒸蒸日上的餐廳，毅然決然去澳洲雪梨打工度假，在當地餐廳從零開始？更重要的是，到了澳洲以後學到什麼？

「學到了外國廚師的想法。」他毫不猶豫地說。

怎麼說？

「他們用稱讚代替責罵。這點我真的覺得台灣的廚師做得到的很少。」鼎儒說。

我覺得一個專業人士，能藉著到海外long stay學到這點，就已經值回票價了，因為台灣很小，人的同質性很高，做事方法都很像，所以每個專業領域走進去以後，不免發現圈子都很小，唯一的出路就是跳出來，才會又變得無限大。

「現在的你，就是在學這個想法，」我誠懇地說，「等有一天你再跳回去的時候，高度就不大一樣了——至少心態也會不一樣。」

對專業的人來說，一點點想法的轉變，可能就會為結果帶來很大的不同，遠比技術上的追求更加寶貴，很多專業最後就是比想法，而不是比技術。

比如東海大學建築系的謝英俊教授，在台灣九二一地震後的重建中，用他的建築專業，專注於災區生態廁所的建設，數年後四川汶川震災一發生，謝老師帶著台灣經驗到重災區去，雖然一開始失敗，但是後來在次災區重建一〇八戶成功了，成功的重要原因之一是，他在中國學習做事方法上的改變，讓受災戶領料自蓋，二〜五日可完工，經過自己的勞力付出後，用戶因此更懂得珍惜。同時，他也將當地重建志工訓練成專業者，只要他們願意的話，日後甚至可以帶著蓋生態廁所的專業，回到自己的家鄉去創業。

這種建構在專業技術之上，加入想法革新所帶來的成功，很快就受到中共高層注意，主動邀請謝老師跨海去大陸輕鋼架造鎮，這種大規模社會實驗的機會，對於台灣那麼多專業的建築師來說，是夢寐以求卻求之不得的，謝英俊老師特別幸運嗎？我覺得這每一分榮耀，都是當之無愧掙來的。

回到廚師鼎儒回答我的問題，為什麼當時會決定離開一份蒸蒸日上的專業工作，尤其在大環境景氣不佳的情形下，大部分的台灣年輕人恐怕都會選擇把夢想放在一邊，務實地繼續工作吧！

「應該可以說是……覺得我自己能力不夠了，龐大的工作量，再下去就沒有墨水可以吐了，想出來多看看，家裡又沒有錢，就打工度假這條路最方便了。」

專業，會讓我們更懂得珍惜自己。希望我自己也能一直記得這句話，那麼這輩子，就永遠不需要擔心有一天會被工作和現實掏空。

第8樣
禮物

「我」就是這個世界的禮物

只要努力找到自己的位置，全盤接受，
並且喜歡自己，我們就是自己的2.0版。

自己的時代

出版社的編輯最近給我一個作業，要我回家看現在網路的超人氣部落格，可能是幻想是否我能夠學習一下羞昂還是女王，掌握時代的脈動，讓老幹發新枝，讓欠缺新意的旅遊作家，變身宅男宅女的最愛，結果認真看得都快得乾眼症了，發現真的沒有辦法寫出類似這樣很「促咪」的旅遊散文：

現在ㄑ沖繩針的很荒便惹，以前很搞剛，還要辦TMD簽證，現在搭飛機空姐像麻豆，髮型眞飛迅柳（離子燙嗎？）↑豪砍！（大拇指）ㄘ一下飯尿一泡尿蘇一下就到了……

就算我可以吧，就算勉強化身為山寨紅，就算變成比九把刀還要暢銷，也不會讓我像現在同樣快樂，因為最大的問題出在於，那個人不是「我」。

「我」對於一個作家來說有多重要？我知道至少對有個暢銷作家來說，一點都不重要，記得在他剛出道的時候，雖然我的年紀比他小很多，但因我十幾歲就開始寫書出書，勉強也算個前輩，所以聽說他先把我還有幾個真正算是暢銷作家的書，全都買齊了，仔細地拆解分析研究，以市場行銷的角度，來決定要成為一個怎樣的作家，而他也果真靠著這股有如鐵道模型迷般過人的毅力，把所有暢銷的元素都納入文章中，後來果真成為排行榜上的常勝軍，我時常會拿著自己又一本不太暢銷的新書，問自己羨不羨慕這位文壇後輩的商業成功，但是每次我都很心安理得地聽到自己跟自己說：「現在這樣的我，還是比較快樂。」

從電子報這樣的媒體問世的第一年開始，多年來我就每周不間斷地發報，一直到今天，就算一毛錢的稿費也沒拿，也不願意中止，這些年來有許多次，面臨改成向訂閱者收費的選擇，但是我都死皮賴臉跟編輯說我只願意免費發報，否則就退出平台，因為總覺得這是一件我可以為讀者做的事，如果每個人都要花錢買書，才可以變成我的讀者，那就失去了網路媒體的初衷，培養閱讀的習慣在網路的時代是多麼困難的事，我寧可開放一個免費的管道，讓閱讀褚士瑩的文字成為一件簡單而且理所當然的事情，最近當我一如往常每個禮拜，親手在發報平台作業上稿，覺得在做著一件有意義的事情時，出版社的編輯（對，就是叫我要看宅女小紅的同一個），卻搖搖頭跟我說：「電子報啊？訂戶多有什麼用？電子報早已經過時了！」

當場我心裡像是被澆了一盆冰過的餿水（只能用想像的，因為我也沒有親身體驗過），五味雜陳，就差沒有回家抱狗痛哭，努力很多年，不代表就有意義，去年有效的媒體，也不見得今年還有效果，沒有殘忍地時時檢視自己，很容易就會變得像剛出道時在當採訪編輯時，時常採訪到的文壇大老，在尊敬對方專業學養的同時，年輕氣盛的我，卻也毫不留情地同時預見，那些沒有在網路上有積極參與的老先生，要不了多久就會被時代狠狠地拋在後方。

可是我年復一年守護著電子報的同時，卻忘記了電子報的時代，也已經悄悄蒙上了灰塵。

我的電子報，連結我私人的電子信箱，回覆讀者的來信，多年來已經變成我日常生活的一部分，看著當年純真的音樂班中學生，念完大學，到國外念完書，回到台灣後在大學工作，懷孕的時候讀我的電子報給肚子裡的孩子聽，不知不覺，演講會場走來一個年輕人，告訴我他的媽媽要他來聽我演講，同時交給我一封母親手寫的信，娓娓道來這些年來我的文字與追求夢想的行動，如何鼓勵著她，以及她剛隻身從國外當交換學生回來的孩子，每次遇到這樣的事件，偷偷一個人開心得痛哭涕零之後，都會告訴自己要更堅持更努力寫下活在夢想中的各種啟示，卻忘了，是否自己逐漸變成了編輯眼中行事老派的頑固傢伙。

不知不覺，Facebook上面讀者的留言，漸漸超過了讀者寄給我的電子郵件，這才認真感受到電子媒體的推移，原來不是只要「有在用網路」就可以，電子郵件、電子報、部落格、社群網站、PTT、論壇、噗浪，表面上都是網路，實際上早就已經有著時代上的天差地別，我因為沉溺在延續一、二十年的習慣跟感動中，而忘了時代巨輪這個怪獸。

這樣的覺悟，讓我有一點不快樂，因為編輯似乎暗示要我像網路作家那樣用心經營部落格，否則就會被時代淹沒，這樣的威脅對於從來沒想要這麼積極推銷自我的懶人來說，簡直太讓人沮喪了，淹死算了，我聽到自己內心微弱的聲音說，那種聲音，就跟我二十年前採訪遇到的老作家，堅持就算出不了書，這輩子也不要改用電腦寫稿，應該是同樣的來源吧？「淹死我算了，時代，我已經不想再過著繼續被追趕的日子了，我累了，只想在書案前用青花瓷塘養一缸魚，找到一張坐久了背也不疼的椅子，用永遠不會當機的墨水筆，寫讓我自己快樂的文字就好。這樣的要求，難道過分嗎？」

事實上，除了老作家自己以外，每個人都知道，這種自以為單純的要求，真的太過分了。起碼，這個世界上已經找不到一個願意幫作者的手稿，打成文字檔的編輯了吧？

抱著跟回覆電子郵件同樣的態度，我一一在Facebook上謝謝那些突然湧來祝我生日快樂的讀者，沒想到社群網站裡的自己，竟然像魚缸裡的金魚那般透明，那麼不堪猛力拍打，連生日都是個公開事件，我說謝謝，我正在與家人航海中，生日這天正巧從荷蘭鹿特丹駛離到達巴黎的外港Havre，發現是生日，所以就在港口附近的麵包店，買了一個二・七塊歐元的巧克力杏仁塔，當作生日蛋糕，邊走邊吃大概十秒鐘就算過完了，雖然沒什麼特別，但是跟家人在一起航海，也算是溫馨的慶祝，這時的我已經又離開巴黎，在前往葡萄牙的海域上，這場航行的終點是埃及，到時候有空說不定可以順便去銀行關掉當年在開羅念書時候開的戶頭，不然十年以上的靜止戶，還每個月收到對帳單，覺得亂不環保的……

隔天早上，當我連結上很貴的衛星網路時，收到一個前一天才剛把我加進朋友的讀者的回應，讓我有點吃驚：

「……好酷，雖然巴黎冷了點，還下雨，但有親密家人一起搭船前往葡萄牙的海上，還可以重回埃及，整個太閃了啦，這整篇是閃光文啊！呵呵！」

剎那間，我才明白，我原來可以不費吹灰之力寫出年輕人心目中的「閃光文」（雖然完全不知道那是什麼意思，但是聽起來很厲害的樣子），**原因只是我做著自己喜歡的事，活在夢想裡該過的生活中，所以即使只是輕描淡寫，竟然自動會閃，不會讓人覺得很假掰。**

於是我安心地知道，**在世界的光譜上我們不需要偽裝也不用存錢去整容，只要努力找到自己的位置，全盤接受，並且喜歡自己，我們就是自己的2.0版。**

送來送去，世界更美麗

有段時間，我恰巧好幾次有幸跟大提琴家馬友友同坐一班飛機，甚至坐在同一排。馬友友每次搭飛機的時候，隔壁的座位都沒有人，因為他要多買一個位子給大提琴坐。當然，馬友友是不認識我的，我也不好像個熱情的小粉絲那樣，拿著便條紙硬要人家簽名，或是拿出相機來要合照，我知道名人的辛苦之處，如果能不打擾的話，我沒理由去破壞。

但是每當眼角的餘光瞄到馬友友的時候，我又忍不住會想著，他心目中的自己，到底是一個怎麼樣的人？兩天後，我在一份美國西岸的報紙上，正好看到他的訪問，文章中馬友友說到自己三十年來全世界來來去去的大提琴生涯，他有很多的時間，花在尋找自己，以及找到自己在世界上的位置。

跟馬友友一起並肩搭飛機的大提琴，就是幫他導覽這個大千世界的指南針。

我的哥哥，是一個醫術很好的心臟科醫生，醫者的身分，自然就成了定位他的身分的工具。

我有一對住在台北的孟加拉友人夫婦，他們的身分，則是藉著在自己家經營一個半對外性質的家庭廚房來定位。

客人透過朋友介紹和預約，可以到這個家庭廚房去品嘗道地的南亞香料烹飪，女主人

Mesheeya說每次他們收到客人送給他們禮物，他們就會將自家手工做的雞肉可樂餅，放在原本的禮物盒子裡面，下次回送給對方，當作回禮，「這不是我上次送你的禮物嗎？」親友總是露出吃驚的樣子。

但是**打開盒子，才會發現裡面美味的心意，會心一笑**。

因為男主人有限的中文能力，黝黑的膚色，家鄉口音的英文，陌生的伊斯蘭教，種種因素讓這對聰明而且受良好高等教育，書香世家出身的小兩口，卻難以打進台灣主流社會的圈子中，十年後終於藉著這個小小的家庭廚房，還有一個個送來送去的禮物盒，認識了各式各樣的台灣朋友，漸漸學會喜歡台灣。這個禮物盒的故事，讓我開始思索，禮物在不公平的社會中，或許真能帶來一些小小的奇蹟。

台灣人本來就喜歡送禮，就算一家人之間，也總是有事沒事送來送去，上一趟批發市場，出一趟國門，辦公室辦一個團購，鄉下老人家兩三分的田地收成，就這樣開始了你來我往的禮物攻勢，橘子、豆乾、面膜、辣椒醬，來來去去，與其說是攻勢，其實更像一支探戈舞，只要一個人帶領，另外一個人就跟隨著翩翩起舞，用各式大大小小的交換贈與，交織成了一張拆也拆不散的人情之網。

這讓我突發奇想，**是不是我們可以送禮物給更多原本不可能成為朋友的人**？

如果可以的話，我希望有許多人可以抱著遊戲的心情，認購裝滿台灣的禮物盒，每半年送一個給某個在台灣辛勤工作的外勞在海外的老家，裡面可以裝好多好東西，高麗菜生產過剩菜農血本無歸的時候，做一些好吃的傳統泡菜吧！盛產芒果價格大跌的時候，做一些甜美的芒果乾吧！身障的朋友手工製作的鳳梨酥，無農藥栽培小農生產的茶葉，都可以是代表台灣的禮物，包裝的報紙，是在台灣出版的越南文，泰文的四方報，這些小紙箱，可以在飛機比較空的淡季，讓航空公司陸陸續續載到外勞的故鄉，或請行李沒有超重的志工隨機託運，至於每戶的派送，就讓當地的NGO工作者，或是收入不豐的社工員，當作賺外快那樣，騎著腳踏車或摩托車，下班後有空時送到各個家庭去，讓有外勞在台灣努力工作的家庭，知道台灣除了有工廠，有需要照顧的老人，有西聯匯款，還有日常生活裡簡單美好的幸福，就像他們自己的家鄉一樣。

收到這個禮物盒的家庭，收下禮物以後，可以按照自己的喜好，在同一個盒子裡放進自家的東西，最好是不需要花什麼錢買，手製的童玩，藤編的盤子，自家醃漬的醬菜，河床的鵝卵石做成的文鎮，當地的幸運物，加上社工借給當地孩子們相機拍攝的照片，作為送回台灣的禮物，於是這些認購禮物盒的人，也因此每半年一次，收到一盒來自陌生國度陌生人的禮物。

就這樣送來送去，原本毫無交集的兩個世界，就像這對住在台北的孟加拉夫婦，慢慢學會喜歡另一個世界，說不定這盒回禮，就變成我們「旅行前的紀念品」，讓人生起到這個禮物的故鄉去旅行的願望，甚至終於有一天親自去這個家庭探訪，於是彼此的世界就變得更大、更友善了。

送來送去送久了，世界自然就會變成一個更美麗的地方。

「那我可以送給這個世界什麼？」就變成如何在世界的光譜上找到自己的位置，最重要的問題。

遇見天下第一美男子

我一個當編輯的高中同學約翰，有天在他的臉書上PO的一本書的封面，圖說上寫著「天下第一奇書」，我好奇地看了一下簡陋的書封面，書名不禁讓我噗哧一聲笑了出來，《我是天下第一美男子》，標題旁邊的照片，是個棒球帽上插假花，手上拿著寶劍，騎在自己組裝的迷你機車上的中年男子。

我當時在海上航行，但忍不住好奇還是立刻衛星連線，去搜尋跟這個奇妙的台灣人相關的新聞，結果比想像中要困難很多，不但網路書店找不到這本書，勉強只能找到二〇〇六年一篇自由時報的報導，高雄縣的記者朱有鈴說，他叫做李仙堂，一家頗具規模模具製造廠的老闆，每天早上，他都要穿戴整齊才出門，包括制服、肩章、護腕、繡著「天下第一美男子」的帽子，即使出國到攝氏零度的地方，也同樣是這身裝扮。第一次看到的人多半會避得遠遠的，認定他是個瘋子！這樣的他，卻有著讓許多孩子們成績突飛猛進的魔力，因為騎著迷你機車的李仙堂無論到哪裡，都受到孩子們好奇包圍、爭相試騎機車，他就趁機告訴小朋友們要認真讀書，若成績進步，就可以預訂下次騎車時間。

李仙堂也確實常接到家長電話，告知他孩子的成績進步了，想要約騎車時間，許多原本看到他就退避三舍的家長，也漸漸接納他，成為朋友。

李仙堂自己有一女三子，三個兒子分別叫雙一、賓士和福特，原本長子要取名雙B，但因為戶政人員告知必須使用國字，所以才改雙一。

二〇〇〇年那年，李仙堂通知親朋好友要「個人重新開幕」，當時許多人不明就裡，還請花店送了花圈來祝賀。這幾年來，李仙堂用行動告訴親朋好友何謂「個人重新開幕」，因為過去的他已經不在，而對於他的種種特異行為，家人也從一開始的不解，轉為接納，並樂見他因此獲得喜悅。

除了這則短短的報導之外，另外唯一能夠找到的，就是某篇網誌，是個網友在高爾夫球場遇到這個天下第一美男子李仙堂，忍不住照了他全身上下的行頭，PO在部落格，還遺憾地說，帽子上的那盆假花（仔細看裡頭還有兩隻鳥）聽說以前還會噴水，可惜後來壞了。

這種不可思議的事情，無論我怎麼翻譯，都不可能讓一個西方人明白他這麼做，跟鼓勵小朋友努力讀書有什麼關係，更別說把兒子取名叫雙B、賓士跟福特，可能會通報兒童福利機構，堅持控告這父親虐待吧？

但是台灣人一看到這則來自高雄縣的花邊新聞，好像會心一笑也就過了，甚至還會口頭讚揚一番，像我就突然好想弄一本《我是天下第一美男子》這書來讀，感覺上應該會很讚。

正因為我是個對世界充滿好奇的人，所以回台灣後，我就打電話給李仙堂，他接起手機第一句話就用台語說：

「喂！挖係天下第一美男子！」

我忍不住笑了起來，隔天真的就搭高鐵到高雄去他家。

天下第一美男子的家在台塑廠區對面，附近都是小型的家庭工廠，怕我們找不到路，他騎著摩托車從路口出現時，我們一點都不擔心會認錯人，他穿著招牌的藍短褲、短袖白襯衫，加上個子小小的，遠看真的很像小學生，安全帽頂上果然有招牌的一叢假花。

到了他家，是一個忙碌的模具工廠，我見到了全都在工廠工作的妻子跟兒子福特，脫下安全帽，換上棒球帽，指著桌上一排二、三十叢假花：

「你看今天要配哪一頂？」

我又當場哈哈笑出聲來了，每一叢底下都有魔鬼氈，所以只要一頂帽子，就可以千變萬化，美男子很得意地說，他晚上有時候沒事，自己在家就可以做好幾頂，每頂都還要經過風速測試，確認這些花叢跟小鳥騎摩托車時不會飛掉或變形。

話題就從這樣的裝扮開始，台灣人在路上看到會怕他，會躲他，但是同樣的裝扮，走在日本街頭，卻總會有年輕人主動圍過來要求合照，這中間的差異是什麼？

我們開開心心聊了很多，他的妻子也加入，說老公那年「重新開幕」的時候，要她穿著尼姑服，帶著孩子在台上幫老公的重生剪綵，之前她也掙扎了很久，想說丈夫是不是完全瘋了，但語氣中卻透露著無限的驕傲。

因為是家庭工廠，當場也有客戶來拜訪，客戶是個相貌堂堂的年輕人，美男子介紹這客戶留美的背景跟現在的成就，這客戶卻從公事包裡，珍重地掏出一本《我是天下第一美男子》，說他天天都帶在身邊。他耐性地在一旁聽著我們聊天，明明有公事在身而來，既沒有插嘴，也沒有不耐，只是穿著西裝，在豔陽天下的高雄工廠區，甘之如飴，美男子肯定是一個很有魅力的人。

帶著一本奇書回到台北，跟工程師背景的父親提起這件事，他說：「這個人一點都不瘋，能把模具做好的，肯定是絕頂聰明的人。」父親因為工程專業的關係，從年輕開始就紛紛派駐到不同國家，短則幾個月，長則好幾年，或許也是這樣的海外經驗，讓他有著比一般人更開放的觀點，可以看出李仙堂**看似瘋狂的行徑底下，是一顆聰明真誠的心**。

父親這番心胸，讓我引以為榮。

我們總說這世界上的人多一點就好了，但講求生物多樣性的時代，不能硬生生地因為海豚跟漁夫有競爭的關係，就要把海豚從大自然食物鏈的最上層移除，所以**世界上也總要有些壞人，有些怪人，如果這個世界只剩下庸庸碌碌的好人，也很寂寞啊！**

島國台灣，讓許多人生活在一種封閉的狀態，只有親美日跟白種人才會覺得「安全」，東南亞國家跟黑人一律「危險」，對外勞也時常有很不好的心態，帶著相當深的種族歧視卻渾然不覺，去海外生活長住三個月的建議，會讓年輕人自己看到地球人的觀點，而不是承襲老一輩狹隘的世界觀。**去實踐，去感受不同人種，不同的遇見，刺激自己的視野不斷成長擴大，再回到台灣**，或許就會覺得有像李仙堂這樣的人，是多棒的事情！

李仙堂，謝謝你，天下第一美男子，不只為你的家人也為台灣上了寶貴的一課。

變男變女變成超級正常的婚禮

婚禮上看新人急急忙忙換衣服，急急忙忙轉桌敬酒，我們這種坐在台下的人，感覺上除了吃飯，就沒有太多的事情可以做，不免就會講起最近參加其他的婚禮，有人講去溫州喝喜酒的紅包，「打底」比台灣還要高，兩千人民幣起跳是最基本的數目。我則說起最近在緬甸喝喜酒，到了喜帖上面註明的飯店，才被告知真正的會場在城市另外一頭另一個隱密的飯店，感覺上好像喝個喜酒是危險任務……，就這樣七嘴八舌，甜點快上來的時候，一直很安靜從日本居住地趕回來參加喜宴的朋友，冷冷地說這都不算什麼，她二〇〇八年底在鹿兒島參加過一個最酷的婚禮。

婚禮本身很正常，但最特別的是，這對新人，新郎新娘都是經過變性的，也就是說新郎原本是女兒身，新娘本來是個大男人。

她這麼一說，溫州跟緬甸的婚禮就立刻矮了一截。

婚宴後，我忍不住Google了一下，終於找到鹿兒島市有關這對日本新人的消息，結婚的男女主角是從事飲食業，「オナベラウンジ心之助」的老闆若松慎，跟「おだまLee 男爵」酒吧的媽媽桑窪田麗奈，當時他們兩個一個三十五歲，另一個三十六歲，兩個人都是從小就覺得自己跟其他人不一樣，成長的一路走來也常常被同齡的學生欺負，後來終於走向變性手術的漫長道路，一直到三十多歲了，才終於在戶口名簿跟身分證上都改變了新的性別，若松從女生變成男生，窪田從男性變成女性。

這對夫婦相識了五年才結婚，當時是透過朋友介紹的，兩個人只覺得一見鍾情，但是一開始交往絲毫都不曉得對方曾經變性的事情，經過當地的媒體披露以後，當然也掀起了一陣小小討論的波濤，但很快地，大多數人都得到一個共同的結論：除了變更戶籍上的性別外，這樁婚事根本再普通不過，於是很快大家就忘了這原本以為是驚世駭俗的事。

吃完這頓喜酒，我觀察到一件事：人在無聊或是血糖過高的時候，很容易說出愚蠢的話。面對溫州的婚禮習俗，忍不住就會跟暴發戶、炒樓團連結一氣，自然而然說出「溫州人就是怎樣怎樣……」的話；說到緬甸的婚禮最後一秒鐘改變宴客地點，也很容易順便說出「……緬甸這地方就是危險，連辦個婚禮都要躲躲藏藏……」；講到變性人的婚禮，那更有得說了：「……早知道兩個結婚就好了，何必多此一舉變性又結婚？」說來說去，結論就是這個顛倒世界亂象紛紜，無怪乎世界末日即將到來之類的。

但是仔細想過以後，就不難發現，世界上固然沒有十全十美的婚姻，但無論哪一場婚禮，在世界的任何一個角落舉行，新人是否郎才女貌、門當戶對，儀式無論是吃飯喝酒，還是潑水過火，聘禮是像我朋友Wanda的阿嬤要求的兩千斤大餅也好，或是像英國諧星羅素・布蘭德（Russell Brand）跟美國女歌手凱蒂・佩里（Katy Perry），在婚禮上互送活生生的母老虎跟小象，或像這對鹿兒島的夫婦變了性才結婚，還是結了婚三十年的老夫老妻，決定變性但是還在一起廝守偕老也好，只要兩情相悅，到頭來都是極為正常的婚禮，結婚只需要一個理由，也只有一個理由，那就是愛情的正式表現。**只要是真摯的愛情，就是一場美好的婚禮**，雖然很多時候，我們覺得婚禮不得不去，但是很多時候，我自己知道，無論距離多遠，我都會想要去參加的婚禮，肯定是真心相愛的兩個人的婚禮，我希望能夠見證並且沾染在真實而美好的愛情中，自己的生命也因此更加豐富美好。

透過這頓喜宴，我也體會一個道理，那就是：做人的基本原則，就是**避免做出過於簡單的結論**。否則隔天在YouTube上面讓全世界看到自己的醜態跟充滿偏見的言論，對於開開心心邀請我們去參加喜宴的新人，是一輩子也彌補不起的過失啊！

日常的非日常風景

過去家的定義很簡單，一間房子，裡面有家人，無論是農是牧，每天忙不完的工作就在房子四周。隨著工作離房子越來越遠，家的定義也就越來越模糊，比如說在泰國境內的四百萬緬甸移工，他們的家究竟算在泰國，還是緬甸？

如果為了工作離家，我們願意離開多遠？**多久**？

如果明天中了樂透頭獎，你會放棄讓人討厭的工作，還是會繼續工作？

大部分人雖然直覺會立刻說，這輩子不用工作那該有多好，但是話一出口不久，又被莫名的恐懼所籠罩，「如果一輩子不工作，我真的會比較快樂嗎？」

為什麼？這是否暗示著，即使不快樂的工作，也有可能比無盡的自由所帶來的麻煩，更加容易面對？

工作這東西讓人又愛又恨。住在紐約布魯克林的記者Gabriel Thompson花了一年的時間去做了十份沒有美國人想做的工作，比如到亞利桑那州的Yuma跟來自瓜地馬拉、墨西哥的非法工人，一起種西生菜，到阿拉巴馬州的鄉下養雞場養雞，或在紐約市的餐廳當外送小弟，規定自己無論這個工作多麼辛苦，也要待滿兩個月才可以辭職，除非被老闆發現他是記者來臥底的解雇，最後寫成了這本《陰影下的工作：做一年（絕大部分）美國人不肯做的工作》（Working in the Shadows: A Year of Doing the Jobs（Most）Americans Won't Do），提供了參與者的一手觀點。

但是我真正好奇的是，當Gabriel Thompson在一般人不想去的養雞場工作時，他把自己的工作當成是個養雞場工人，還是一個記者？明明做著一樣的工作，如果把自己當成是一個記者的生活實驗時，是否會讓這份工作變得比較容易忍受，甚至還能有點趣味？如果真的是這樣，那麼我們從工作中得到的苦樂，不就只是腦子跟我們玩的遊戲罷了？

與其說這是面對工作，還不如說，這是一個面對自己，放下「美國人」這尊貴的身分後，還剩下什麼的實驗。

就在這時，我的E-mail信箱傳來一封來自Alaindebotton.com網站寄來的信，告訴我《工作！工作！——影響我們生命的重要風景》這本書的平裝版在英國上市的消息，多年以來，我都會不定期從狄波頓的個人網站，收到寄給會員的最新訊息，所以不只出書，如果有演講活動，接受電台採訪，或是在BBC英國廣播公司的電視台主持特別節目，都會事先廣佈。世界上想必有許多像我這樣的讀者，像粉絲團般跟隨著狄波頓的一舉一動，對喜歡狄波頓的人來說，他不只是一個作家，也不是個單純的哲學家，狄波頓是一個全球化的品牌，而他做的這些事，每件都是工作的一部分，當狄波頓告訴我們關於工作的喜悅與哀愁時，我們也透過鏡頭，看著他工作。

我們讀著他的觀點，也忍不住會想著狄波頓這傢伙，實在有個很酷的職業。他的每本寫作計畫都很昂貴，可以說是每個作者的夢想。

我之所以會這麼說，是因為這本書如果是音樂的話，狄波頓不是作曲家，而是扮演指揮家的角色，演繹全球化下的工作的十個樂章。無論是貨輪還是航空，職涯顧問，餅乾工廠還是馬爾地夫的漁夫，科學家還是畫家，工程師還是會計師，自行創業或為老闆效力，這些職業與正在發生的事件，都本來就已經存在，狄波頓只是試圖為人類社會古老的職業，在全球化時代的重新定位，作為詩意的旁觀者，一個充滿哲思的觀光客，為世人詮釋這些旋律，更像是一個導覽員，從哲學的角度去想人為什麼要工作？人生在世所為何來？金錢跟人生目標的滿足要如何權衡？家庭與事業孰輕孰重？無論網路與科技如何發達，日本的電視台藉助法國的科技在圭亞那發射衛星，但我們對自己人生的疑問，卻依舊古典。

看到別人花一輩子的時間，在製作餅乾，或面對財務報表，讓我們看到其中的荒謬，但是我們貢獻一生黃金歲月所從事的職業，是否又更有意義？**是我們找到工作，還是工作到頭來，擁有**

了我們的生命？究竟我們是為生活而工作，還是為了工作而存在？

這十個工作，狄波頓都用旁觀者的角度短暫接觸，同時完全沒有提到錢的事情，難怪有書評家就曾經說，寫一本關於工作的書卻不談錢，就好像寫戀愛的書卻對於性一字不提。工作對於人類，幾千年來都是希望用最少的時間把工作完成，唯一的目的就是賺取生活資源，連亞里斯多德都說人不可能又工作、又同時擁有生而為人的自由，但**曾幾何時，人類開始期盼工作應該要帶給我們滿足感和快樂**？這就好像人類的婚姻，相信應是兩個人相愛結合，並不是生物進化史上那麼理所當然的進程，無論是戀愛還是事業，已經超過了原本求生的原始目的以後，我們面對的，又是一個怎樣的世界？

無論是參與者的Gabriel Thompson，還是旁觀者的狄波頓，他們對於全球化下職業的描述，都有一個共同點，那就是跟大多數人不同，他們都可以隨時辭職，但是大部分擁有一份工作，或說被工作擁有的人，卻很難執行這項看似容易的基本權利。工作是否真像狄波頓說的，是一個保護我們的泡泡，讓我們不用去面對生命原本必須面對的更大挫折？我們會如何看待工作，其實反映了是否具備創造一個有意義生活的能力，進一步去創造符合我們信念的價值，並且因為我們的努力而得到社會的認同甚至稱許，因為工作可以讓我們專注於眼前的任務，緊張，壓力，完美達成目標的希望，甚至因此覺得自己有所專精，不但可以提供柴米油鹽，甚至連毫無價值的疲倦，都變成一種值得嘉許的證據。

所以不少樂透頭獎得主，覺得還是繼續上班會比較好。

所以「今天工作好累啊！」變成現代人一種變形的自誇，更是現代人逃避面對自己的最有效方法。

幸運計程車

我大概是屬於那種自我感覺相當良好的人，所以能夠接受自己的全部，也或許是因為我喜歡自己，所以才會自我感覺良好，但無論哪個是因，哪個是果，我覺得都沒太大關係，因為結果都是：**我是個自覺比別人幸運，就算天大的壞事發生也能跟自己和平相處的人**。

這一天，經過三十六個小時的長途飛行，我終於拖著疲累的身軀，在將近午夜回到曼谷的家，下一班飛機是隔天早上七點五十五分，最終目的地——緬甸北方偏遠的農場。

清晨五點鐘出門，鬧鐘就調四點五十分吧！我實在沒有力氣更早起床了。

眼睛睜開的時候，外面的天是亮的，心裡有著不祥的感覺，伸手抓起手機一看，果然已經七點十五分了，我整個人呆呆的，「完蛋了！」

錯過這班飛機，我不如就從此在這個世界上自動消失，因為這意味著我將會錯過下午一點鐘，從仰光飛到瓦城的班機，也會錯過下午三點半在瓦城機場等著載我穿越滇緬公路的卡車司機，錯過十個已經在國境北方等著我到來的國際志工，錯過明天早上八點鐘開始的農場工作，這些偏遠的地方都沒有辦法用電話聯絡，錯過一整個農場的工作人員跟一群毫無頭緒的外國人，等不到我的出現，大眼瞪小眼，全世界就都會說我是最不負責任的NGO工作者，十年的努力從此付諸東流，再也不會有人相信我，我也因此不會再拿到任何案子，無法做我最喜歡的事情，會因此得憂鬱症，說不定還會因此有自殺傾向，最後被野狗啃得剩下一堆白骨，這一切都是因為我貪睡的結果。

這樣呆呆躺在床上兩分鐘，眼睛像死魚般瞪著天花板，接著我勉強打起精神：

「算了，這可能也不是世界末日，長途出差飛行過度勞累，相信大家會原諒我吧？不如等九點鐘航空公司上班以後，好好想辦法，求他們讓我上今天晚上前往緬甸的班機，然後再安排明天一大早前往瓦城，就算晚二十四個小時到，總比沒到好吧？」

這樣又過了一分多鐘，甚至想自暴自棄睡個回籠覺，九點再起床去航空公司處理，但是眼睛無論如何就闔不起來，十五秒後，我整個人從床上彈起來，「哇啊！」一邊大叫著一邊抓起門邊的行李，就往家門外衝，一下樓就跳進計程車，直奔曼谷國際機場。

我家離機場有三十六公里，中間還有兩個高速公路收費站，計程車司機憐憫我的遭遇，開得像消防車一樣快，等我氣喘吁吁衝到航空公司櫃檯的時候，已經七點五十分，還有五分鐘飛機就要起飛了。

常搭飛機的人都知道，國際航班要兩個小時以前check-in，登機門最晚在起飛前十五分鐘就會關閉，所以時常趕飛機的我，應該比誰都知道，七點五十分才到機場櫃檯，是連老天爺都幫不上忙的。

「拜託拜託，請妳打個電話問問登機門，如果機門還沒關閉的話，看他們可不可以等我一下……我知道這機率微乎其微，但是就拜託妳幫我問一聲吧！」

我要不是聽起來很有誠意，就是看起來真的很狼狽，櫃檯小姐終於不情不願地幫我打了電話問，結果……

「出發時間延遲到八點十五分，登機門還開著！」櫃檯小姐很興奮地跟我說。

我先是高興得跳起來，接著想到曼谷機場早晨出境護照審查的隊伍，起碼要半個小時才有辦法通關，加上曼谷機場是全世界距離最長的單一航站，所以從驗照櫃檯到登機門，最遠有兩三公里，無論如何，我是不可能趕上的，這麼一想，又垂頭喪氣起來。

櫃檯小姐突然關櫃，一把抓起我的手，要我跟著她跳過滑行中的行李運輸帶，穿過人潮揪著我到櫃檯的另外一邊，走到專門給官員使用的ＶＩＰ特殊通關櫃檯，跟穿著制服的老先生講情，讓我通融快速通關，不到一分鐘，竟然已經在驗照櫃檯的另外一端了，握著護照呆呆地站在那邊，直到櫃檯小姐揮舞著無線電，要我快跑，這才回過神來，等終於狂奔到登機門，衝進機艙時，全身已經濕得像從尼斯湖裡浮出來的水怪，但是止不住對著鄰座的乘客傻笑，不敢相信自己的好運氣，我大概是國際航空史上第一個七點十五分起床，竟然趕上七點五十五分班機的人吧？

平安無事地按時到達緬甸鄉間的工作地點，整趟行程當中，雖然沒有告訴別人這件事，但都抱著特別感恩的心情，**認為自己一定要加倍努力，才不會辜負這份好運**。

兩個星期以後，工作順利結束，我又回到了曼谷機場，這回終於全身上下是乾爽的。

一出機場，跳上計程車，往家的方向駛去，高速公路雖然塞車，但是心情卻格外輕鬆。

計費表上顯示六公里的時候，司機先生的手機響了，「啊？啊？對不起，」我聽到司機用破英文說，「現在真的不行……我車上有客人！」

掛掉電話以後，司機先生搔著頭解釋，剛剛在我之前下車的三個澳洲客人，因為高速公路塞車，錯過今天飛往雪梨的班機，要等明天晚上才能走，所以現在不知道怎麼辦，打手機給司機先生，希望能回朋友的公寓多住一個晚上，因為語言不通，不知道該怎麼回去住處。

聽了原委，我把司機的手機拿過來，回撥給這家澳洲人，「我就是這個司機的新客人，你們稍微等一下，這就請司機回頭，這台車讓給你們坐，我另外叫車吧！」

司機先生跟這幾個急得像熱鍋上螞蟻的澳洲觀光客，都不敢相信有人會這麼做，一直說從沒遇過這樣好心的人，因為不是我下車就算了，為了要回到航廈載他們，計程車空車是不准進入的，只有載客到機場的才行，所以我還得陪著回到機場。

這幾個澳洲人大概小費給得不少，否則司機先生一開始也不會費事將自己的手機號碼給他們，這一趟折返，肯定會更大方了，看到計程車真的回頭來接他們，這幾個原本坐在行李箱上愁眉不展的澳洲人，露出不可置信的歡喜表情，看到雙方皆大歡喜，我只是跳下車，揮揮手說：

「車是你們的了！」

頭也不回地就去攔別的計程車了。

雖然這麼一波折，浪費了個把鐘頭，當天早上五點鐘從緬甸北方的邊境出發，馬不停蹄地趕路，到此時已經過了半夜，說不累是騙人的，但我卻一點都不覺得折騰，因為覺得先前有了那麼好的運氣，如今有機會能把這樣的好運，給跟我同樣需要幸運的陌生人，他們覺得慶幸之餘，也一定會像我這樣，想辦法要為別人做點什麼事情，好將幸運帶給別人，這力量雖然微小，但就像蝴蝶效應，也許因此會讓這個世界多一些美好的故事也說不定。

這樣的我，要跟自己生活一輩子，應該是沒什麼問題。

這晚，我睡得比往常更加香甜。

第9樣
禮物

當一天用手思考的人

不要小看，
越是發現自己容易說「我不會」的，
越應該立刻開始探索如何引導自己學會用「手」思考。

學習用「手」思考

我喜歡二〇〇二年成立於德國的ＮＧＯ非營利組織「汗得學社（HAND Initiative e.V.）」簡單明瞭，然而意味深長的宗旨：透過對話，以雙手實踐人道的、另類可能的、與自然和解的生活方式。就像心理學家皮亞傑說的：「智慧的花是開放在手指尖上的。」動手的重要性，實在是被現代人太過忽視了。

我之所以喜歡汗得學社強調以「雙手實做」來實踐人道援助精神、打造另類可能空間、尊重自然主體，來達成奠基於對話的合作機會，是因為我認為**用雙手「做」本身，對於現代人有種難以言喻的魅力**，像餅乾如果加上「手工餅乾」，茶葉描述為「手採一心二葉」，整個就美味起來，手做，可能是具體東西的製造，通常有可見的材料，像是製作小提琴，做標本，捏陶，也可能是每個人易於描述的事，比如說**做飯**、**做頭髮**、**做文章等等，可惜無論是哪一種手做，年輕人很輕易就會聳聳肩然後說出「我不會」三個字**。

但是我想說的是：**不常使用雙手的人，就不明白犯錯如何及時修正，也因此永遠無法坦然面對生命中必然會出錯的種種狀態**。

很小的時候，每個孩子都喜歡勞作，無論是黏土還是拼圖，都讓我們認識到手和腦之間的密切聯繫，但是幼教老師對幼兒的手工活動，只是透過專業的訓練，發展精細動作和小肌肉的培養，讓活動的作用停留在表面，而不能真正發展幼兒各方面的能力。等到慢慢長大，父母長輩的過分溺愛，讓孩子過著飯來張口，衣來伸手，除了念書跟上網以外什麼都不會的生活，家庭教育中錯誤的觀念，認為孩子這麼小還不用培養動手能力，應該多學知識，卻不知道當孩子正處於在生活中獲得經驗的時候，周圍的生活就是學習內容的主要來源，而這個經驗過程又與動手操作是緊密聯繫在一起的，從此生活缺少了動手能力的培養。

手工活動是三、四歲的幼小兒童表達心理活動的一種較簡單、較直接的方法，因為幼兒還無法表達清楚自己心裡所想，所以大人常常猜不透他們想什麼，做什麼，缺乏必要的、及時的溝通，壓制了幼兒對各種活動的探究與表達的欲望，但是只要他們學會手工的方法，就可以按自己的想法隨意剪、大膽貼，不受任何約束，除了提高幼兒的動手操作能力，更重要的是，開啟了孩子一輩子對探索活動永久的好奇心，和透過不同形式來自我表達的欲望。

很多年輕人發現自己無法跟外界將自己的意思表達到最好，其實跟從小缺乏用手做來表達的習慣，我覺得是有很大關係的。如果一個年輕人發現自己對於隱藏在事物中的簡單屬性和關係，沒有興趣知道，也不想進行探究，就是一個很大的警訊，因為許多亞洲人都從小就有「學習」的良好訓練，卻從來沒有發揮過兒童該有的調查和研究的本能。

或許這能夠解釋，為什麼亞洲孩子們小的時候，以學業成績跟西方教育下的孩子比較，都沒有「輸在起跑點上」，因為從小被迫「學」了很多，卻動手「做」得很少，但是逐漸長大之後，卻發現我們可能會無可避免地都輸在終點。

「不會」動手，應該視為成長過程某種失敗的警訊，**不能小看，越是發現自己容易說「我不會」的，越應該立刻開始探索如何引導自己學會用「手」思考，從手工中學習，從手工中發展自我。**

回到舞台中心

我認識的一個英國長輩，曾經認真地告訴我：

「每一個英國男人，不管住在充滿異國風情的外國城市如香港，還是在醜陋的伯明罕工業區；是腦滿腸肥的銀行家，還是激進的社會運動分子，最後都只會醉心於一種神奇的嗜好：園藝。」聽完後，我半信半疑地笑了。

一個一九四〇年出生的老紐約樂手，告訴我他記得戰後那段時間，紐約曼哈頓的街坊，都可以找到「勝利花園（victory garden）」，讓住在公寓的紐約人在這些小小的社區農園，在經濟拮据的年代，自己種植蔬果，自給自足，隔了幾十年，紐約人乘著這一波有機農業和地產地銷的趨勢，又開始在屋頂種菜，甚至養蜂，「所有退流行的，有一天又會回到舞台中心，我這輩子看得可多了……」這個叫做賴瑞的薩克斯風手說。

當城市的居住空間不足，高樓大廈因此林立，如果聯合國糧農組織（FAO，Food and Agriculture Organization）的預測不假，二〇〇五年前會有九億人口住在城市，如何地產地銷，能夠生產比今天多百分之七十的食物，足夠就近餵飽這麼多人，將是未來城市的主要課題，但是城市裡再多的社區農園或屋頂花園，顯然無法滿足未來的需求，所以有沒有可能也像立體停車場把農場蓋在都市的高樓裡？

紐約哥倫比亞大學的公衛教授Dickson Despommier特別積極提倡室內型的立體農場，還因此出了一本就叫《The Vertical Farm（垂直農場）》的書闡述這個理想，他說如果成功的話，除了減少碳足印，還可以減少運送過程的損耗，因為植物生長在室內光線、溫濕度、氣流、養分都得到控制的環境下，所以殺蟲劑、肥料等的使用都可以減到最低，土壤養分也不會流失，沒有農業廢棄物排放的問題，用溶解礦物質水耕（hydroponics）的技術，也已經相當成熟，從根莖類到葉菜類，從水果到五穀，幾乎沒有不能用水耕的農作物。

但是如何提供足夠的光線，減少耗能，卻是一個難題，比如在南極的科考站設立的南極South Pole Food Growth Chamber，從二〇〇四年開始用半自動的水耕設備種蔬菜跟果樹，雖然只有二十二平方公尺的面積，卻足夠讓Amundsen-Scott南極站的六十五個駐站人員，即使在不見陽光的冬季，連直升機也沒有辦法補給的時候，每人每天至少都還可以吃到一份新鮮的生菜沙拉，雖然只需要偶爾加水跟養分，但長時間在每一寸土地都提供平均的光線照射，發電照明成本是很昂貴的，值得在自然環境艱困的南極小規模地進行，並不代表在倫敦或紐約，應該花費比傳統農場好幾倍的能源，因為地產地銷帶來節能減碳的好處，可能不足以抵銷額外的耗能。

二〇〇八年在英國肯特郡啟用的Thanet Earth農園，九十公頃的溫室，冬季透過每天十五個小時的人工日照，提供了全英國百分之十五的生菜沙拉，但這個農場還是平面的，不是立體的，所以除了能源的問題仍然存在，也沒有解決空間不足的問題。紐約的New York Sun Works（NYSW）也嘗試在曼哈頓島用Science Barge，一種高科技的水耕浮島種植，耗水量只有一般農地的十分之一，沒有農業廢棄物排放，自然天敵法（像是瓢蟲）來控制病蟲害，單位產量是同面積傳統農地的二十倍。雖然風力發電跟太陽能，可以提供不足的人工日照所需的能源，但如果要生產足夠的電力來照明，太陽能板所佔的面積，必須是農地面積的二十倍，所以還是無法在大都市中用最小的面積來建立垂直化的農園，NYSW因此在三年多的營運後，決定在二〇〇九年離開曼哈頓島，搬到Yonkers郊區。紐約這批原始班底，則跟Gotham Greens品牌合作，在布魯克林區開辦一萬五千平方英尺的屋頂農園，預計二〇一一年可以生產三十噸青菜，在當地的商店銷售。紐約有另外一個類似的計畫，由農園跟當地超市合作，以契約栽種的方式在超市銷售屋頂農園的產品，但消費者是不是能夠接受這麼高的成本，還有待考驗。

來自德州的Valcent公司，在英國Devon的Paignton動物園蓋了一個一百平方公尺的室內農場，雖然三公尺高的溫室本身，還是只有平面一層，但試著把葉菜一層一層種在可以轉動的盤子裡，讓每株萵苣每天都輪流有十小時的日照，公司估計，他們只用了相同產量傳統農園七分之一的能源，二十分之一的土地跟水，每年就可以收成五十萬株給動物食用的萵苣。

無疑的，遲早會有聰明的生意人，找到好方法，讓我們能夠用極小的空間，最少的耗能，生產最多充滿自然生命力的食物，但就像老紐約賴瑞說的，只要活得夠久，遲早會看到歷史重演，仔細想想，城市中的立體農場，可不就是西元前六百年巴比倫帝國空中花園的重現嗎？

但是除了實用的目的，埋首在公寓狹小的陽台或花台，提供城市人一種療癒的功能，透過沾滿泥土的雙手，尋找與自然和解的生活空間，並且像挖掘泥土般挖掘自己生存的意義。

古羅馬人的一日生活

俄國著名教育家蘇霍姆林斯基說：「手是思想的鏡子，是智力才能發展的刺激物，是意識的偉大培養者，是指揮的創造者。」但是**曾幾何時，我們停止用雙手做東西**？

最近我閱讀一本義大利作家阿爾貝托・安傑拉（Alberto Angela）的作品《古羅馬人的一日生

活》，作者以一天從清晨到夜半，按時間順序重現古羅馬人生活的一天，提供有如時光旅行的趣味，知道當時羅馬的男女平均身高體重，想像愛美的男女，早上起床以後就如何精心打扮自己，從除毛到美容，女人如何使用化妝品和各式面膜，男人又是如何上午向理髮師報到，午後到圖雷真大浴場洗澡，上班族中午外食要花多少錢，這些細節都充滿了旅行的風味。

我也學到些從來沒有在別的書本看過的大膽假設，比如當時公寓大樓就壯觀地存在，提供富人豐厚的現金來源，窮人、奴隸和僕人住在樓上或閣樓，看起來好像還沒完工的毛胚，裝潢奢華的主人住宅卻就在樓下，和今天埃及開羅的習慣還是非常相像，看來《亞庫班公寓（**Imarat Yaqubian**）》小說中的劇情，也在古羅馬每日上演。

但最讓我吃驚的，莫過於對於古羅馬社會的觀察。

當時的奴隸制度，在今天看來是極度殘忍而不人道的，我們很容易就可以下結論，認為古羅馬人貪圖享樂，節制和道德人性在這兩千年來，有了大幅的進步，可是拆解古羅馬人的生活細節，我們才發現，事實上社會進步不見得是社會運動的結果，僅僅是因為今天我們有洗衣機取代了洗衣女僕，有瓦斯爐、微波爐、烤麵包機、果汁機和電動攪拌器，取代了俯身在爐灶上、為主人準備食物的廚師和奴隸，有水龍頭取代了去噴泉用水桶打水的奴隸，有沖水馬桶取代了挑糞尿的奴隸，冰箱取代了將冰運至房舍的冰工，洗碗機、吸塵器和地毯除塵器取代了負責打掃房子的奴隸，是熱水器取代了替房舍或浴場熱水的奴隸，電燈泡使得負責點燈的奴隸變得多餘，中央空調系統取代了負責搧扇子或火盆的奴隸，汽車取代了轎子和轎夫，路燈則取代了為主人照亮道路的守燈人，吹風機和電動脫毛器取代了許多負責個人衛生和美容的奴隸工作，電視、收音機、CD和DVD放映機取代了為主人提供娛樂的七弦琴手和鼓者、啞劇演員、舞者、朗誦者和詩歌背誦者（這些角色在當時也都是奴隸身分），電腦跟鍵盤取代了抄寫員和秘書，識字的奴隸要幫主人口述信件和朗讀主人想研究的書籍。古羅馬的富裕階層，為了避免「手做」卻想要享用種種便利，所以透過奴隸制度來實現，這些享受從現代人的眼光來看，一點都不過分，因為同樣視手做與勞動為敝屣的現代人，只是把電器用品當作昔日羅馬人的奴隸，來完成相同的工作罷了。

書中也提到有學者用汽油和奴隸所能提供的能源量進行換算。結果發現一瓶汽油相當於五十名奴隸連續拉一台Smart小車兩小時的能量。家電插頭，則提供我們相當於三十位奴隸的勞動能量。插頭遍佈家中各個角落，是我們的古羅馬奴隸，我們的生活方式之所以起了革命性的轉變，並非人性昇華。我們或許並不像自己想像中，比兩千年前的羅馬人更仁慈、更文明，而是拜科技進步之賜，才避免了很多悲劇。

不只古羅馬當時的享樂欲望，跟現代人一樣，就連古羅馬當時面對的社會問題，也與兩千年後的現代城市如出一轍——交通阻塞浪費時間，街道嘈雜混亂，垃圾和髒亂問題，住屋短缺，房價過高，不安全的建築物在地震後倒塌，外來移民問題，夜晚街道不安全的治安問題。

或許下次面臨地方選舉時，無論是候選人還是選民，都應該記得古羅馬的教訓，要改變一個城市，兩千年可能都不夠，更何況是短短的一個任期？**如果城市的問題難以改變，人類為自己享樂而奴役他人的心態不曾改變，那麼我們的短暫生命中能夠改變、值得改變的，又是什麼？**

或許，我們應該攤開羅馬法典（the Twelve Tables），這本當時每個羅馬學童都得背誦的課程，奴隸制國家法律的典範，後世西方國家法律的經典，把每個「奴隸」兩字都替換成「插頭」，城市人會因此發現自己對於科技奴隸的依賴和自然能源的虐待，就像古羅馬人對大量奴隸的依賴跟虐待那樣，因此會找到一些動手做的重要啟示也說不定！

冰島：幸福破滅的啟示

冰島，這個靠近北極圈的島國，是個只有三十餘萬人的小國。二次大戰前，它是個孤懸於大西洋中以漁業為主的貧窮國家，一九九〇年代轉型成為金融服務業掛帥的高所得國家，平均收入是台灣的四倍，二〇〇七年個人國民所得六萬三千八百三十美元，高居全球第四名，更是世界第八富有的國家。當年針對三十個歐洲國家進行環境、自身與壽命評估的調查中，冰島的生活品質榮登榜首，跟前一年二〇〇六年英國萊斯特大學研究，在健康、財富、教育滿意度的指標上，冰島躋身全球第四名最幸福國家的結果相呼應，二〇〇六年聯合國人類發展報告的「最適合居住國家」調查，冰島只在挪威之後，排名全球第二。

二〇〇七年十一月冰島才剛榮膺全球最宜居住國家，但是到了二〇〇八年，卻在全球金融海嘯中從讓世人稱羨的快樂國度，很快跌入現實，成為第一個應聲而倒的破產國家。

冰島原本是靠佔全國百分之六勞動人口的捕魚業維持的，漁業佔出口所得的百分之七十，自一九九〇年代起，冰島政府中的「大陸派」戰勝主張繼續把漁業作為國民經濟主要支柱的「海洋派」，認為冰島應該像瑞士、盧森堡、比利時等歐洲大陸的國家一樣，將辛苦勞動的漁業，轉型成用錢滾錢的銀行業才是快速致富的王道，可以避免漁業市場動盪帶給冰島經濟的不安，政府確立了「快速發展金融業」的政策，由政府主導高風險的金融投資，利用高利率和低管制的開放金融環境吸引海外資本，然後投入高收益的金融項目，進而在全球資本流動增值鏈中獲利，比如說會到日本等利率超低的國家，借入龐大的資金，再投入冰島等利率高達百分之十一．五的國家來套利。簡單說來，冰島所創造的經濟奇蹟，其實只不過是運用套利模式，一種比捕魚還要簡單的金融遊戲。加上金融自由民營化，使銀行迅速擴張，冰島順利搭上全球化的順風車，國際資金快速流動下，冰島經濟發展快速躍進，經濟結構也在短短的幾年內就從傳統的漁業經濟轉向金融業，冰島金融產業規模，幾乎是全國GDP的十倍，搖身一變成為歐洲金融大國，國民資產以家戶平均計算，更連續五年以百分之四十五比率增加，可以說每個人都拋棄了捕魚裝，穿上西裝，一樣是捕魚，只是捕的魚種類不同，身價也不同罷了。

但是這個忘了動手捕魚的冰島，缺乏實體經濟作後盾、產業結構又過度依賴金融業的經濟結構，出現金融業總資產比政府還大，冰島全年GDP只佔金融業總市值百分之十的怪現象，但當虛擬經濟（fictitious economy），完全脫離實物經濟（real economy）而極度膨脹時，就會形成泡沫，因此金融危機一爆發，立刻就破滅了。

看到冰島政府在自省之後，能夠承認錯誤，樂觀地說：「我們已經準備好脫下西裝回去捕魚。」是整個金融悲劇中難得的輕鬆花絮，這表示冰島人節儉與淡定的DNA，還沒有在短短的十幾二十年的錢潮中，失去了動手勞動的基因。

相較於在這波金融風暴中受到影響最小的德國，很多經濟學家歸功於德國從來沒有放棄製造業，所以德國在全球金融發燒的時候，從來沒有像冰島那樣，放棄辛苦的勞動。這也呼應了緣自德國「汗得學社」開宗明義的精神：一切的可能與權利，都必須從「坐而言」的階段推展到「起而行」的實踐。**「動手做」——努力了，就看得到成果。所有「獲得」的喜悅，必先經過「汗水」的洗禮。**

手做的魅力

學習手做，讓我們用各種自由的形式來表達自己。

透過我們指尖的觸摸，傳遞著一輩子對世界無盡的好奇心。

「這道理好像稍微明白了，但是要回頭去鍛鍊這西方人從幼兒時期就已經高度開發的能力，作為一個已經成年只會為了考試而念書（還不見得考得好）的亞洲人，要怎麼做才好？」或許你會這麼問。

我有四個簡單的方法，或許可以幫助從小就不曾培養手做能力的「我不會」年輕人，重新發現手做的樂趣。

（1）想著「我要省錢」

作為一個務實的華人，最大的好處就是，幾乎只要講到能省錢，或是能賺錢，興趣自然就會很高。**所以先別把手做想得很優雅、很哲學，只要當作是可以節省日常生活開銷的方式來努力，就會開始良性循環了。**比如說，每天外食的花費，如果可以自己上菜市場買菜，學習每天至少有一餐動手做飯開始，就會節省很多上餐館的錢。這就可以是手做的一個切入點。

我沒有辦法告訴你，自己做飯會省多少，因為我不知道你平常花多少，但是我可以確定地說，尤其對於時常跟朋友聚會，或是輪流宴客的年輕人來說，就算只是從簡單的主食跟甜點、飲料動手做起，比較複雜的開胃菜、主菜跟配菜叫外賣，都會明顯看到節省將近一半的花費，這就是手做帶來的直接回報，**從這樣實際的生活角度入門，就會有越來越多的點子。**

比如說用家庭生活廢水跟廚餘作成的綠肥，學習樸門農藝的方式，不用任何一點土壤，也不用購買肥料，就可以在自家陽台上種植出結實纍纍的香蕉，下次宴客的時候成為眾人驚豔的甜點炸香蕉食材，可能就會變成下一個吸引人的手做點子。

（2）要能樂在其中

我有一個男性朋友，六歲的時候開始織毛線，原因是「看到媽媽把一個毛線團，變成生活中有用的東西，手套、圍巾、帽子什麼的，實在太神奇了！」，於是他就趁母親不在家的時候，偷偷開始編織，雖然小男孩天性好動，織毛線只維持了不到一年，但是他說直到十幾二十年後的今天，他還一直記得編織的快樂。

這種把東西「做」出來的快樂，引導他後來成了一個陶藝家，因為一團沒有形狀的陶土，經過設計、捏塑和燒烤之後，可以成為有用處，又能夠表達藝術的媒介，他對於這種喜歡的感受，到現在也都沒有改變，作品甚至開始在現代博物館寄賣，銷售成績意外地好，開了一家自己的陶藝店。

另外有一個住在紐約的朋友，騎單車一直是他從小最大的嗜好，當他知道布魯克林有一個工作坊，可以學習自己用竹子製作單車，他就毫不猶豫地報名了，平常日下班的晚上，或是周末的時候，就到工作坊的機台去工作，終於完成了讓他引以為榮的手工竹子腳踏車，還因為這樣受到CNN專訪，也在曼谷的TED上分享他的經驗，原本是電腦程式設計師的他，正在努力存錢，準備轉換跑道，在曼谷成立第一個竹子腳踏車的工作坊。

（3）別讓自己和家人受苦

很多人對於手做有壞印象，是因為只要一想到手工可能帶來的不便，就澆熄了原本該有的樂趣，所以重要的是不要做沒有必要、甚至有害處的手工。

前一陣子有一則來自澳洲的新聞，有個喜歡做模型的男人，花了很長的時間，做了一台大型的水上直升機模型，非常得意地邀請全家人一起來參加試飛儀式，結果操作不順，在所有親戚和妻子小孩面前，活生生被迎面飛來的飛機扇葉當場斬首身亡，我無法想像他的孩子，成長的過程中需要多少的心理治療，才有辦法解除童年這可怕的死亡畫面，以及要如何說服自己接受親手製作的美好。

相對的，我有一個在加拿大多倫多教書的朋友，每隔兩三年，總是會找到住家的缺點賣房子搬家，不是治安不好，學區不好，要不然就是離工作地點太遠，於是全家只好跟著這個不安定的父親搬來搬去，不勝其擾，但是最近有一件神奇的事情發生了，我這朋友一是因為無聊，二是因為家裡後院的圍牆殘破不堪，需要整修，所以趁著去英國探親度假的時候，順便去上了在英國逐漸失傳的工法——建造傳統泥土牆的課程，回到多倫多之後，用了將近兩年的時間，工作之餘有空就做一點，終於完成了一面很漂亮的泥土牆，受到許多的稱讚，也因為這間買來的房子，有了一面自己親手製作的圍牆，再也捨不得賣了，**終於有了真正的家應有的歸屬感**，最近，這朋友開始整修地下室，看來又可以忙上好幾年了，全家人雖然覺得生活稍有不便，家裡總有一部分看起來像工地，但起碼再也不需要擔心搬家、轉學的問題了！

（4）自我探索、自我發現

小時候我們的志願是什麼？為了遷就家庭、社會的期望，或是不得不去考上的科系、學校報到，我們犧牲了自己什麼夢想？現在，不需要辭去工作或轉換專業，可以開始靠著自己動手做，開始一個平行的美好人生，**一點一點向真正的自己靠攏**。

反正不靠這個吃飯，想學鋼琴就去學吧！想跳探戈就去跳吧！想開一家賣手工冰淇淋的小店，就去開吧！想去當志工，想當家庭教師，要學畫畫都可以，因為**只是抱著讓自己手做的心態，所以沒有什麼得失心**，下了班去街角時常光顧的烘焙坊當兼職人員，學做好吃的牛角麵包，可以在用力揉麵團的過程當中，紓解白天在銀行上班的壓力，而且或許會成為半路出家的烘焙達人，第二個吳寶春也說不定。

你會發現想像力再次充滿在你原本已經越來越僵硬的生命中，世界上再次充滿著讓你有好奇心的事物，只要手指觸碰過的，都會有感覺。

「手是思想的鏡子，是智力才能發展的刺激物，是意識的偉大培養者，是指揮的創造者。」

就這樣，我們再一次變成了孩子，但這次有著成年人的獨立心智，不會讓自己再次搞砸了。

第10樣
禮物

不要停止自我表達

把自己的故事說好，
對自己友善、對別人友善、
對生活友善、對自然友善，
自然就會產生屬於自我風格的，沒有疑惑的，
也不會後悔的生活方式。

說故事的重要性

有個剛滿三十歲的朋友跟我說，他覺得自己迷失了，好茫然，我問他可不可以跟我描述那種迷失的感覺，他說：「……昨日的我走了很多錯路，因為沿路忘了做記號，所以忘了回頭路怎麼走，當想轉身回頭時，卻發現這條路變得好陌生，想再繼續往前時，驚覺前方起了濃霧，但我不怕，繼續往前，濃霧困住了我，我還在霧裡，沒有正確的方向，所以找不到正確的路，我還在霧裡，我只希望能走出。」**茫然，也是一種可以描述的狀況**。

聽完他描述的迷失，我反而不怎麼擔心了，因為我這個朋友，他可以清楚描述面對未知，他會緊張，但是不會害怕，這點是很棒的，**因為他會繼續看著自己，說自己的故事，把自己表達得很清楚，這樣的人，不見得這輩子會一帆風順，但也不會糾纏成一團找不到頭緒的毛線，活不下去**。

我很尊敬那些很會說故事的人，尤其是那種細節到連牡丹花瓣角落的一顆水珠也可以描述清楚，而且一點不讓人覺得瑣碎的，**我相信說故事是一種偉大的技藝**，多少人類的部落與聚落，就是靠著這些故事來傳達足以記取的教訓，跟共同的記憶。

作為一個寫作者，我也希望自己是一個把故事說好的人，用我的眼睛把看到的世界，那牡丹花瓣上的水滴，作很棒的描述，至於這些故事，背後的道理是什麼，甚至有沒有道理，就留給聽故事的人去完成，否則故事就不那麼有趣了。

可是許多人總是愁眉苦臉地說：「我知道，可是我說不出來。」

表達不出內心的意思，有時候不完全是自己的錯，因為在三、四歲，當我們應該學習透過手做來自由表達自己的時候，大人卻常常基於錯誤的愛，過度強調語言表達的重要，如果說話不清楚，還會被帶去看醫生，以至於長大以後，自我表達的管道變得很有限，如果正好我們不是那種擅於言詞的人，就幾乎沒有別的方法來表達了，像是音樂、圖畫、雕塑、行動、勞動、料理、服裝等等，原本樣樣都可以是跟語言同樣重要的表達工具，但我們之中，卻只有很少數有此幸運，學會多元的自我表達。

努力學著用適合自己的方式把故事說好，絕對是趁年輕該做的一件事。

一分鐘說清楚

在異國的落後地區從事NGO的工作十年來，我體會到一件事，一個無論多麼好的計畫，如果沒有辦法用最簡單的語彙，讓社區任何一個來自任何背景、任何年齡、各種教育程度的成員，一聽就懂的話，這個計畫一定不會成功。

說故事的能力，遠遠比我想像中更重要。

「年輕人，你的夢想是什麼？」如果在路邊被一個沒有念過書的老婆婆突如其來這麼一問，有沒有辦法用三五句話，在一分鐘之內，把偉大的夢想用老婆婆可以理解的話語，清楚地說出來，讓老婆婆不但聽懂，甚至支持你的夢想？

「我知道但是說不出來」，成了時常聽到年輕人說的話，於是最近帶領一個針對社區擬造工作者的計畫書撰寫實作的工作坊時，我決定請在座的參與者做一個練習，每個人有五分鐘的時間，必須在這時間限制內，把五件事情跟在座所有的陌生人講清楚：

描述計畫內容

這個夢想與我的關係

這個計畫「成功」的定義是什麼？

可能失敗的原因

要用哪些資源來實現？

每個人講完以後，彼此要投票表決，看誰的計畫會得到大家的支持。透過這樣的練習，可以客觀地看到自己在別人心目中，到底是不是一個有辦法感動陌生人的人，雖然有點殘酷，但對於有自省力的人卻很有效。

如果每次遇到一件想要做的事情，或不得不做的任務，都能花五分鐘，練習回答這五個問題，並且講給一個完全不相干的人聽，或是錄下來，放給自己聽一遍，幾乎就可以知道到底是不是個好計畫，或者有沒有成功的機會。

囚犯的自由

我曾在倫敦的藝廊，參觀過一個緬甸政治犯Htein Lin的畫展，他曾經在大學時代用政治抗爭作為表達自己的方法，但是當這美術系學生被軍政府關進不見天日的牢籠後，他找尋別的方式來表達自己，他的答案讓許多人跌破眼鏡：藝術。至於藝術作品的工具和材料，更是一般人所無法想像的，在這六年期間，他用牙膏軟管的蓋子當作畫筆，用肥皂做成模子，他的訊息並不是反抗暴政，而是**堅持無論在任何情況下，人只要活著就不應該停止自我表達**。

即使在躲避軍政府的通緝期間，他在叢林裡躲藏的時候也沒有間斷作畫——用樹枝在沙上畫，但是牢裡連紙筆都是違禁品，更別說畫具，所以一開始的時候，他只能用手指把食物包裝紙的顏料慢慢推開，作為創作的方式，慢慢地，他發現最好的畫布，就是監獄犯人每天穿的男性沙龍，作畫的工具則是任何手邊可以取得的材料，像是牙膏蓋、打火機的金屬滾輪，甚至用過的針筒，獄友在Htein Lin作畫的時候，會幫他把風，代價是他在牢房裡辦「秘密畫展」，或是幫獄友畫他們指定的題目。

完成的畫作，Htein Lin會藏在床單底下，再想辦法買通獄卒，把畫作運到外面去，有一回，獄卒把他精心完成的抽象畫，誤認為是逃獄的藍圖，無情地毀掉他的心血，但除了繼續之外，他沒有別的出口。

展出的畫作之中，有很多是牢中生活的寫照，比如說囚犯屈辱地蹲著等待獄卒檢查，或只是悲傷地蜷縮在牢房的角落，其中還有幾幅是應獄友要求所畫的，一幅是美麗的黃昏，另外一幅是美麗的煙火，這些美麗的幻象，反而顯得更加沉重悲傷。Htein Lin說他在牢裡的時光不停地想辦法找材料繼續創作，**不停地畫，不停地藏，讓他保持心靈忙碌，沒時間自艾自憐，好像只要一直畫下去，就可以抵抗一切的不幸**。

就某方面來說，Htein Lin是相對幸運的，因為他只在牢中被關了六年，就因軍政府內部派系的意見分歧，幸運地被釋放，又因為他跟英國外交官結婚，所以能夠將緬甸的陰影留在身後，在倫敦找到自己的聲音，**讓自己的掙扎被聽到，被更多的人看見**。

但是Htein Lin 的自由，並不是在被釋放之後才開始的，而是在他決定以畫畫作為對抗世界的工具，當他躲在叢林裡在沙地上用樹枝作畫時，就已經自由了。

用生活實驗來表達

有時候，我們不能真的理解別人的問題或是別人的生活時，**試著去體驗對方的生活處境，通常對於幫助我們真正理解，或是如何表達清楚的意見，有很大的幫助**。比如說參加盲人體驗在城市學習移動，就很快能夠體會看起來沒什麼要緊的騎樓障礙物，對殘障人士造成的生命危險；或是透過體會輪椅人士的生活，很快就能明白當無障礙設施缺乏或不周全的時候，造成的困擾有多大，於是一些原本我們無法清楚表達的概念，會因為這一些真實的生活經驗，而變得立體而清晰。

比如說我們每天傍晚，即使跟來自印尼、菲律賓的外勞一起站著等著垃圾車來到的時候，這短暫並肩的幾分鐘，並不代表我們有著共同的生活經驗，或真正能夠理解外籍勞工在台灣的生活感受，所以當前一陣子香港為了這些在港工作了超過七年的菲律賓家務傭人，是否可以申請成為香港居民，而鬧得不可開交時，有一些雇主，應媒體之邀跟外勞調換角色六個小時，做這些外籍勞工每天被他們所要求要完成的工作，之後再接受訪談，問這些雇主的感受，他們原本搖擺不定的立場，就變得很清楚了：「我們之前要求傭人，每天早上要在家人起床之前，家裡的每一個角落，都必須要像間新房子一樣，真是太強人所難了……」其中一個雇主，花了三個小時刷洗一間廁所後，很有感觸地說。

面對經濟金融風暴，英國的保守黨也提出了一個讓世人吃驚的政策，拒絕原本合乎法律規定的英國公民迎接他們的配偶或子女來到英國同住——如果這些英國人本身沒有工作、沒有錢（年收入低於五千英鎊）的話。

原本兩年的觀察期，也計畫延長為五年，英文程度測驗的難度提高，這些以家庭團聚名義跟隨著已經規劃為英國公民的家人，移民到英國的，大多數是來自印度、巴基斯坦和孟加拉的女性。無法進入英國的家屬，保守黨建議，可以寄錢到海外讓他們留在國外生活，以免變成英國福利政策的負擔，終極的目的是把每年的移民數目，降低到不超過十萬人。

美國以農業為主的喬治亞州，金融風暴後盛行保護主義，相信非法移民搶走了美國人珍貴的工作機會，於是通過立法將非法移民驅逐出州境，結果立刻就面臨毫沒料到的勞工短缺問題，農家必須任由價值幾百萬美金的藍莓、洋蔥、香瓜，還有其他農作物在田裡腐爛，這些美國農家赫然發現，這一代的美國人，根本就不知道要如何收成他們自己的農作物，因為從來沒有動手做過，所以不是做得不快，就是耗損太多良率太低，但是非法移工卻承繼了農場主人的祖父母那一輩的農業技術，但這些技術並不是嘴上說得出來，手上就做得到的，因為每一種農作物的收穫方式都不相同，而且每種作物的收成期間都非常短，所以還沒有弄熟一種作物的收穫方式，又輪到了收穫下一種作物的時候。

突然之間，驕傲的美國農夫才發現沒有非法移工，他們根本不會務農的殘酷現實。這樣的經驗是否會明顯影響他們對於移民的態度跟立場？我一點也不懷疑。

別讓意見走在行動前面

意見是廉價的、迅速的，尤其每個人的意見都可以立即透過推特、微博、臉書同步向全世界發送時，**我們時常忘了傾聽，也忘了我們第一時間的反應，可能充滿無知和偏見**，當意見走在行動前面的時候，不管之後再去採取什麼行動，聽到的往往都只是自己之前意見的回聲，所以除了適切的表達能力，最後一個成長的關卡，就是養成讓行動為先的習慣，有了行動之後，再形成意見。

舉例來說，當社會上許多人的意見認為，移民會搶走本地人的就業機會時，我們的意見應該是什麼？「我願意去做那些號稱被合法或非合法移民『搶走』的工作嗎？」

如果不確定這答案是什麼的話，在台灣的我們，不妨試著去應徵一份通常由菲律賓籍護理人員從事的居家看護，或是泰國勞工從事的捷運工地的工作來做。如果可以花一天的時間，**拿自己的行動做實驗，去從事這樣的工作之後，再去形成意見**，那麼對於究竟我們的工作機會被外勞搶走了，還是外勞幫助這個社會補足原本就無法找到本地人來從事的工作，讓我們的勞力可以轉移去做較輕鬆、經濟價值較高的工作，就可以表達出肯定的意見，就算跟政論節目或街坊鄰居說的觀點不同，也不會輕易動搖。

因為，行動有時才是最好的表達。

再以加州盛產的經濟作物草莓為例，因為嬌嫩的草莓只能用手採，不能用機器收割，所以採收的時候整天要彎著腰，長時間非常痛苦，因此被來自中南美洲的墨西哥採收的工人冠上一個la fruta del Diablo（惡魔的果實）的綽號，完全不像在台灣去大湖採草莓，採個幾分鐘還覺得挺有趣，草莓在當地幾乎全數都是依靠移工收成，表面上搶走了美國人的工作機會，實際上是大熱天採果很痛苦，但天冷會更痛苦，因為背疼發作得更厲害，下雨讓整個草莓園泥濘不堪，又比天熱或天冷更痛苦，所以根本找不到願意做這份工作的美國人。

不只是草莓，每種作物大量收成都很辛苦，只是辛苦的方式不同，比如採收葡萄，因為葡萄藤兩排之間的距離，剛好是農機車可以開過的寬度，所以工人必須蹲在葡萄藤架子下，長時間小心剪葡萄串放進農機車，同時要避免腳踝被農機車的齒輪割傷，但是無論怎麼小心，遲早都避免不了，因此每個工人的腳踝都傷痕累累。蹲著在攝氏四十度的高溫下剪葡萄，脖子跟肩膀很快就會僵硬，但是只要一站起來，就會撞到灑滿農藥的葡萄株，造成這些工人本身的罹癌率超高，孩子的先天畸形比例特別高，這樣的代價是每個小時換來八美金的工資。

有一個加州當地的記者，認為這樣算起來，一天下來可以賺六十五美元工資，折合約新台幣兩千元，應該很不錯，所以就自告奮勇去實際體驗一天，但發現事實完全不像想像中這麼容易，農場的工人如果有小孩的話，雇用最便宜的保母，一天就要五十美元，扣掉其他必要的開銷（主要是破爛的鐵皮工寮租金），剩下的數目簡直少得可憐，好不容易存下來的錢要匯給故鄉的家人，光是透過西聯匯款的手續費，就又輕易扣掉兩成。

記者發現，這些非法勞工為了躲避警察，工作以外的時間，他們哪裡都不能去，形同被囚禁般，生活一點樂趣都沒有，只能星期天去上教堂，然後到公園走走，總之要避免大馬路或人多的地方，連電影院都不能進，小孩也不能到戶外去玩，怕被美國鄰居報警告發。因為他們沒有駕照，又只能住在很遠租金很便宜的地方，光是每天上下班的路途就已經夠提心吊膽了，要是公路警察攔下他們，雖然沒有權限遣返非法移民，但可以當場扣押無照駕駛人的汽車，還有高達將近兩千美金的罰款，除了想辦法付罰款跟再買一輛二手車外，別無他法，只要發生一次這樣的事情，一整年的積蓄就付諸東流，若是被雇主欺負或虐待，更不可能去報警，否則就要面臨立即遣返的命運，積欠人蛇集團偷渡到美國的債務，就更不可能還清了，更別說萬一生病，因為沒有保險，也看不起醫生，不管從什麼角度看來，都不能說他們佔了美國社會的便宜，如果一定要評斷的話，應該說是美國社會佔了這些非法移民的便宜才對。

無獨有偶的，美國聯合農業公會（United Farm Workers，簡稱UFW），也不堪社會大多數對於農業工作現實毫無了解的人民所發出的一面倒反對移工的「意見」聲浪，索性發起了一個活動，叫做「來拿走我們的工作吧！（Take Our Jobs）」，鼓勵反對移工在農場工作的美國人，自己來申請農場的工作，結果在接下來的夏天三個月內，有三百萬人次瀏覽這個www.takeourjobs.com的專屬網站，去了解農場的工作內容跟待遇，但是只有八千六百個美國人表示對於這樣的工作有興趣，而大多數申請者要求不合乎現實的薪水待遇要求，健保跟退休金保障，或是搬遷補助這類農場從來不可能提供的福利，結果到夏天結束的九月底截止，真正到農場去工作的，一共只有區區七個人。

當這怒吼的三百萬人，要墨西哥人滾回去的愛國者是容易的，但是願意親自勞動的人，三百萬人中只有七個，這百萬分之二的少數，對我來說可能才有真正值得聆聽的意見。

當下次發現別人不聽我們清楚表達的意見時，不見得是別人的問題，先想想，**我們到底是先有行動，還是先有意見**。

我們需要一個什麼樣的未來？**透過對話，透過雙手的實做，相信我們的指尖，自然會帶領我們指向一個比較好的生活方式**。至於什麼才算是比較好的生活方式？

先以尊重的態度來行動，跟與自己不同的人、不同的族群、不同的意見進行對話後，才謹慎地形成意見，然後才予以清楚地表達。**把自己的故事說好，對自己友善、對別人友善、對生活友善、對自然友善，自然就會產生屬於自我風格的、沒有疑惑的，也不會後悔的生活方式**。

美好人生的秘訣，也不過如此。

在世界的光譜上我們不需要偽裝也不用存錢去整容，
只要努力找到自己的位置，全盤接受，並且喜歡自己，
我們就是自己的2・0版！

【延伸閱讀】

褚士瑩　完整暢銷書單

榮登博客來網路書店、誠品、金石堂書店排行榜
獲博客來網路書店　暢銷華文作家 TOP3

別慌，一天只做三件事就好
褚士瑩的日常慢哲學

密密麻麻的行事曆，直到搬家三個月後，才發現行李還留在原來的地方……
突然了解，緊急求快的結果慢慢侵蝕生活，「活在未來」真的幸福嗎？他問自己，你到底急什麼？
褚士瑩決定與「快」宣戰——他開始一天只做三件重要的事，不慌不忙。

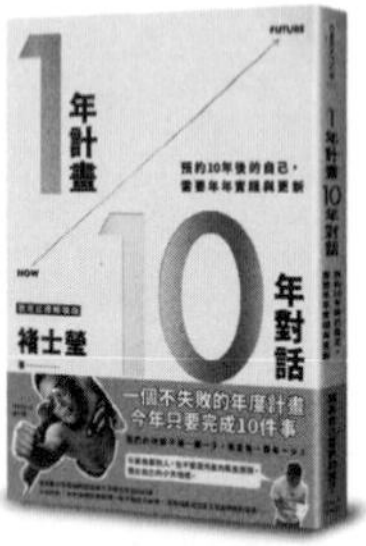

1年計畫10年對話（實現目標暢銷版）
預約10年後的自己，需要年年實踐與更新

有時候計畫急著完成，更容易急著放棄；Just Do It，是給勇於更新與實踐的人！
每年給自己一份不失敗的生活提案，
5年後，10年後你會發現，意想不到的禮物，太美妙……

第64梯次
好書大家讀
入選圖書

給自己的10堂外語課
這是突破人生限制的希望之鑰！

你有沒有信心兩個月挑戰一門新語言？
你是不是貪心這個也學那個也學，
結果什麼都沒學會？越來越挫折？
來吧，重新思考你的學習計畫！
要讓這輩子一直無聊浪費下去？
還是趕快用語言來跟世界握握手？

第74梯次
好書大家讀
入選圖書

誰說我不夠好

抓住否定自己的原因，找到肯定自己的方法

我們都得了「覺得自己不夠好」這種病！
不要看輕自己，也不必過度自戀，
本來只要認識自己，定位自己，
任何環境或困難都無法左右你的決心。

企鵝都比你有特色

給自己的10堂說話課，成為零落差溝通者

10堂說話課就像生命成長的10個階段，褚士瑩不藏私全盤供給，
這是一場獨一無二的說話課，從介紹自己，發現自己開始，
只要你摸索與思考的方向對了，說話的價值就在於你成為一個有特色的人。

55個刺激提問

把好事做對，思辨後的生命價值問答，國際NGO的現場實戰

很多人把捐錢等於做好事，很多人把當志工等於做對的事；
如果不能依賴標準答案，我們的判斷要如何確認？
找出禁得起時間考驗的價值，先從這55個刺激提問開始！

一個旅人在西拉雅

遇見台式生活美感

台灣的美感，都在西拉雅裡了，只是你還沒有看到而已。
台灣的生活美感是什麼？我在西拉雅旅行，尋找到想要的答案。

第73梯次
好書大家讀
入選圖書

在西拉雅呼喊全世界

褚士瑩發現台灣之旅

西拉雅，一個讓造訪的人都流連忘返的世外桃源，
這神祕所在勾起我的好奇心，而決定一探究竟……
在全世界旅行、工作二十多年，我走上了再發現的旅程，
這一次，不是到世界的盡頭，而是往我來自的地方。

美食魂
全世界都是我的餐桌

「吃」是維持生存開始，但「吃」到最後，
你發現世界越吃越大，越吃越不可思議，
然後你更會發現，不是只有吃而已，你要開始保護這個世界，
愛惜自然，珍惜身邊的人……

用12個習慣祝福自己
養成免疫力‧學習力‧判斷力

一年到頭都在擬計畫，結果執行力等於零！
興趣一大籮筐，偏偏都只有三分鐘熱度！
想要改變自己，可是找不到方法！
看別人養成好習慣超羨慕，到底怎麼辦到的？

1份工作11種視野
改變你未來命運的絕對工作術

褚士瑩說「工作」本來就是動詞，找到對的工作，比有沒有夢想還重要。
不是換100個工作就動力十足，也不是出國就有國際觀，
別看輕自己，但也別高估自己，
工作是讓我們變成一個更懂享受生命的人！

我，故意跑輸
當自己心中的第一名，作家褚士瑩和流浪醫生小杰，寫給15、20、30、40的你！

他們只是大膽按下階段性的暫停鍵，不是真的跑輸，
而是在選擇的道路上給自己改寫命運的機會！
就算過程被笑，被懷疑，他們都決心只當自己心中的第一名！

比打工度假更重要的11件事
出國前先給自己這份人生問卷

資深背包客褚士瑩從16歲開始跨越自己的舒適圈，不靠別人找出標準答案，
不管你選擇出國或不出國？本書的每個問題都是你了解自己的關鍵，
好好想清楚再行動，力量完全不一樣！

Creative 163

給自己10樣人生禮物（新版）

成就動詞型的生命地圖就在這10個關鍵

作者｜褚士瑩
出版者｜大田出版有限公司
台北市一〇四四五中山北路二段二十六巷二號二樓
E-mail｜titan@morningstar.com.tw http：//www.titan3.com.tw
編輯部專線｜（02）2562-1383 傳真：（02）2581-8761
總編輯｜莊培園
副總編輯｜蔡鳳儀
行銷企劃｜陳惠菁
行政編輯｜鄭鈺澐
校對｜陳佩伶／蘇淑惠／黃素芬
內頁設計｜陳柔含
初刷｜二〇一二年二月二十日
二版初刷｜二〇二一年七月十二日 定價：三五〇元
二版三刷｜二〇二三年五月十日
購書E-mail｜service@morningstar.com.tw
網路書店｜http://www.morningstar.com.tw（晨星網路書店）
TEL：04-2359-5819 FAX：04-2359-5493
郵政劃撥｜15060393（知己圖書股份有限公司）
印刷｜上好印刷股份有限公司
國際書碼｜978-986-179-636-9 CIP：177.2 / 110004263

國家圖書館出版品預行編目資料

給自己10樣人生禮物 / 褚士瑩著.
——二版——臺北市：大田，2021.07
面；公分.——（Creative；163）

ISBN 978-986-179-636-9（平裝）

177.2　　110004263